W0323212

Alejandra Vallejo-Nágera

EL AMOR NO ES CIEGO

vivir
mejor

Alejandra Vallejo-Nágera

EL AMOR NO ES CIEGO

Ideas para elegir pareja y acertar

temas'de hoy.

Primera edición: marzo de 1998
Segunda edición: marzo de 1998
Tercera edición: abril de 1998

El contenido de este libro no podrá ser reproducido,
ni total ni parcialmente, sin el previo permiso escrito del editor.
Todos los derechos reservados.

Colección: VIVIR MEJOR
© Alejandra Vallejo-Nágera Zóbel, 1998
© Ediciones Temas de Hoy, S.A. (T.H), 1998
Paseo de la Castellana, 28. 28046 Madrid
Diseño de cubierta: Pep Carrió y Sonia Sánchez
ISBN: 84-7880-903-1
Depósito legal: M. 13.482-1998
Compuesto en Fernández Ciudad, S. L.
Impreso en Lavel, S. A.
Printed in Spain-Impreso en España

ÍNDICE

SEGUNDA PARTE

Del flechazo al amor

NOTA AL LECTOR

Este libro explora el nacimiento de la relación sentimental, pero lo hace desde dos ángulos muy distintos, ya que entre ligar y enamorarse hay una diferencia abismal.

La primera parte se centra en la aventura de encontrar pareja; analiza la táctica que empleamos en nuestros lances con el sexo opuesto, las claves que nos permiten seducir sin tropiezos, con soltura y gracejo. Aquí se contempla la búsqueda de pareja como un experimento en el que todavía no interviene la palabra amor, como un juego apasionante que no erosiona ni compromete el futuro del individuo.

En la segunda parte, y hasta el final del libro, se analiza la fascinación repentina, avasalladora, que proporciona el inicio de un amor. Se estudian las claves que permiten discernir si la persona escogida es adecuada o no, y se indican los errores que, aunque al principio no parecen peligrosos, pueden socavar un proyecto de unión sólida y duradera.

¿QUIÉN HA DICHO QUE EL AMOR ES CIEGO?

> Yo le decía todo el tiempo que él era el primer hombre al que yo amaba de verdad. Eso funciona, ¿sabes? Sin embargo, a mí no me importaba ser la primera mujer a la que él quería. Estaba obsesionada con ser la última; la definitiva.

Muchas personas que consiguen emparejarse con éxito aseguran que iniciaron su relación cuando menos lo esperaban; al parecer, no estaban en un lugar propicio para el ligoteo ni buscaban la compañía del otro. Pero, además, hay quien cuenta haber perseguido pareja consciente y deliberadamente porque deseaba compartir proyectos e ilusiones, o necesitaba apoyarse en alguien para hacer frente a los obstáculos de la vida, o le urgía aliviar alguna carencia muy íntima y profunda.

Las personas que aciertan en el logro de un buen amor, bien porque lo buscan, bien porque se topan con él, suelen justificar su éxito con palabras como *casualidad*, *fortuna*, *intervención divina*, *azar*, *ventura*, *fuerza del destino*, entre otras. Algo de eso hay, desde luego, pero el tema del emparejamiento victorioso no depende de la suerte que se tenga, sino de *las ganas, el ansia y el empeño que uno ponga en conseguir esa suerte.*

El amor es un sentimiento humano, íntimo, primitivo, profundo y esencial. Lo recibimos o lo entregamos de diversas maneras y con distinta intensidad, pero no podemos vivir sin él; y precisamente por esta razón en el terreno amoroso casi nada ocurre por casualidad, ni siquiera el flechazo.

Todos los días se nos presenta la oportunidad de entablar conversación con un desconocido y podemos padecer un arrebato de amor. Cupido hace su trabajo diariamente en la parada del autobús o la autoescuela, un museo, el gimnasio, el supermercado, una tienda de ropa... O en cualquier otro lugar. Lo importante no es el ambiente que rodea el encuentro, sino las ganas que, al menos una de las personas, tenga de aprovechar la ocasión.

> Fue en la sala de espera de Urgencias. Allí estaba él, con una pata tiesa y haciendo crucigramas. No es que fuese guapo, pero me hizo gracia y me senté a su lado. El tío ni siquiera levantó los ojos del crucigrama. Bueno, el caso es que no recuerdo lo que dije, pero conseguí que me mirara y me preguntara: «¿Qué te ha pasado?» Entonces, yo sonreí y él sonrió; volví a sonreír; le gustó... y decidimos ir al mismo centro de rehabilitación. Créeme, en esos sitios se liga un montón.

CONCLUSIONES

1. *Coquetear o ligar es el arte de intentar un contacto con otra persona de la que se espera obtener interés, amistad o profusión de afecto*; pero, al mismo tiempo, quien toma la iniciativa deja una puerta abierta para que esa persona rechace la aproximación si no tiene ganas de ligar.

> Me entraron muchas ganas de intentar hacer «algo más» con aquella chica, pero, aunque mi afán de conquista era inmenso, sólo conseguí darle un beso fugaz en el que ella decidió no colaborar.

2. *Puedes coquetear siempre que te apetezca*, sin que importe demasiado el sitio o el momento en que lo haces. Cuando tienes éxito y consigues seducir a alguien en el metro, el gimnasio, la oficina de Correos o el supermercado, este lugar se convierte inmediatamente en un sitio especial.

> No importa lo feo que seas, lo mal que bailes o el tamaño de los músculos que adornen tu cuerpo: siempre hay una forma de ligar que requiere tan sólo la habilidad de permanecer en el mismo sitio durante dos o tres horas, sin que la gente lo note y sin que la experiencia te resulte vejatoria. Te aseguro que, al final, alguna chica con sonrisa de ángel termina apareciendo, y la imagen de ese encuentro, de ese lugar, esculpirá tu memoria.

3. *El flechazo no es casual ni fortuito*; aunque te resulte más romántico pensar que el impacto de Cupido es natural y espontáneo, los entendidos en el tema aseguran que se trata de una elección deliberada, voluntaria y consciente. Por ejemplo, puede que veas a un desconocido que te quita el hipo, a quien lanzas una retahíla de mensajes subliminales que pretenden encadenar su raciocinio. A partir de este momento caben dos posibilidades: que el destinatario se rinda a tus pies, o que, por el contrario, no te haga ningún caso. Esto quiere decir que aunque la fruta esté madura, se necesita alguien dispuesto a recogerla. Por supuesto, la forma en que lo haga será determinante para el éxito o fracaso de la recolección.

> Entonces él, con mucha parsimonia me retiró las gafas y dijo en plan ligón: «Estás más guapa cuando te quitas las gafas», a lo que yo respondí imitando su tono: «Cuando me quito las gafas, tú tampoco estás mal del todo.» No me volvió a llamar.

4. *Durante el periodo que transcurre entre el flechazo y el amor, es esencial abrir bien los ojos*. La idea de un amor ciego,

súbito, enérgico, puede resultar intensa y fascinante, pero al mismo tiempo se trata de una aventura peligrosa, plagada de trampas y desgarros, que conduce a múltiples equívocos, provoca finales amargos, carcome ilusiones y erosiona proyectos.

Todos los expertos coinciden en señalar que *no se puede amar lo que no se conoce*. La inclinación ciega hacia un amante suele estar impregnada de urgencia, nos impide reconocer a la otra persona en toda su dimensión, nos impulsa a desatender sus defectos, produce obcecación y no permite distinguir las señales que preludian una desavenencia inevitable. Por todos estos motivos, es mejor abrir los ojos para estar alerta y observar si nuestra pareja posee características que pueden hacer de él/ella un compañero ideal, alguien con quien podemos compartir ilusiones o alcanzar metas.

Las páginas de este libro intentan explicarte las razones por las que conviene escapar de la ceguera de amor. En ellas encontrarás las claves para seducir sin tropiezos a quien te conviene, aprenderás cómo se pierde el miedo al rechazo, las reacciones que puedes provocar en los demás durante el ritual de coqueteo, por qué te enamoras de una persona y no de otra, cómo lograr conexión emocional, física y mental con tu pareja. Además, este libro pretende ayudarte a corregir errores, a distinguir lo que es adecuado, reconocer los mecanismos psicológicos que fomentan la complicidad, y a observar los detalles que permiten el logro de la unión realista, sana, firme y duradera.

PRIMERA PARTE
El ritual de seducción

1. La primera impresión

Para empezar, sólo tenemos 3 minutos y 40 segundos para producir una buena impresión. Según los psiquiatras, el impacto visual de un individuo, su forma de saludar, sus modales, la postura y el aspecto general, entre otros factores, proporcionan numerosos datos sobre su personalidad de forma casi inmediata. En menos de cuatro minutos nos hacemos una idea de cómo es y cuánto vale el desconocido que tenemos enfrente, y esta idea *permanecerá inamovible durante semanas e incluso meses antes de ser revisada.*

El ser humano utiliza incontables gestos en el encuentro con alguien del sexo contrario. Algunos de éstos son obvios y fácilmente identificables; pero la mayoría se originan en el inconsciente, se manifiestan de una forma sutil, velada, tenue, y sólo el experto en la materia sabe traducirlos a la perfección.

> Cuando ella se acercó a mí, sentí una especie de parálisis total, pero, aun así, fui capaz de descifrar su pensamiento: «Eres un tipo agradable por detrás, pero ¡qué pena!, tienes una cara bastante vulgar.» Todos sus gestos se pusieron de acuerdo para que yo entendiera con claridad la impresión que le había causado.

En la primera impresión intervienen factores de tipo físico y social. La forma de tu rostro, los gestos que haces con las manos, cómo miras o te vistes, el tono de tu voz, el brillo de tu pelo y la cadencia de tus movimientos, entre otros elementos, ofrecen continua información sobre ti; hablan de lo que piensas o de cómo sientes, y lo hacen sin tapujos ni discreción.

EL ASPECTO FÍSICO

> Las mujeres lo tenemos más difícil que los hombres. Cuando un hombre se levanta para dar un discurso, el público le escucha. Pero cuando es una chica la que se tiene que levantar para dar el mismo discurso, el público mira primero, y, si no le gusta lo que ve, entonces presta menos atención.

Existe la creencia común de que los hombres sólo catalogan a la mujer por su físico, y que las chicas, en cambio, se concentran en otros atributos. Sobre estos «otros atributos» hablaremos más adelante, pero por el momento cabe destacar lo que afirman los psiquiatras: en la primera impresión tanto hombres como mujeres analizan y escrutan el físico del otro, y les importa. Les importa mucho; muchísimo. La explicación a este curioso fenómeno se halla en que, inconscientemente, tendemos a vincular un determinado cuerpo con unas características de personalidad específicas; por ejemplo, cuando vemos a una persona obesa *intuimos* que además de gorda es descuidada, glotona, inestable, proclive a la enfermedad y al abandono. Al parecer, una sola mirada es capaz de impulsar el resorte de nuestra intuición, y así, con un simple vistazo, ya creemos saber cómo es y cómo se comporta el individuo que tenemos frente a nosotros. Por supuesto, esto da lugar a interpretaciones improcedentes, infundadas, arbitrarias y que, por desgracia, terminan convirtiéndose en un tópico universal.

La intuición humana tiene la culpa de que digas cosas como: «Este asunto me huele mal» o también: «Casi nunca me equivoco al juzgar a la gente que se me acerca por primera vez.» Se trata de un mecanismo automático que te hace reaccionar *antes* de comprobar los motivos que justifican tal reacción. Este resorte cerebral que es la intuición ayuda a esquivar múltiples problemas, pero al mismo tiempo puede resultar injusto y frívolo cuando decide atribuir al cuerpo de un extraño unos rasgos de personalidad que acaso no le correspondan. A continuación encontrarás una breve clasificación de algunos factores constitucionales y la conducta que, irreflexivamente, tendemos a imputarles.

Valoración de los hombres según su constitución

1. Al hombre de *esqueleto relativamente pequeño*, pero que se rellena con grasa en ciertas partes corporales, lo que da al individuo un aspecto redondeado, de líneas suaves, cuya cara es ancha y de afables contornos, se le atribuye un carácter tendente al buen humor, que se toma la vida sin grandes sobresaltos, natural, espontáneo, cotilla, de amistades rápidas, que se contagia con facilidad de la alegría o la tristeza de los demás. Este tipo respira pesadamente, incluso ronca de noche, y te suele dar las gracias tres veces cuando le haces algún favor mínimo, como, por ejemplo, ofrecerle un cigarrillo. Conoce muchos chistes, aunque no siempre tienen gracia, ni los cuenta en el momento oportuno. No practica deportes en los que sea necesario correr, le gusta la comida con exceso de sazón y se escapa con frecuencia del trabajo para tomar un café.

2. Al hombre de *silueta alargada y sin grasa*, esqueleto excesivamente largo, cara pequeña y prolongada, poca musculatura, aspecto anguloso, manos largas y huesudas y pelo fino se

le intuye un carácter que no es ni muy alegre ni muy triste. Este tipo habla sólo cuando le da la gana; trata al sexo contrario con escepticismo, contesta con monosílabos, tiende a ser adusto y mordaz. No cuenta chistes o lo hace con mucha tensión, lo cual suele desconcertar a los contertulios. Es fiel a sus amistades, aunque tiene pocas, porque selecciona con precisión y amplia exigencia. Oscila entre la hipersensibilidad y la frialdad; suele doblar la ropa con primor cuando se la quita antes de meterse en la cama; posee un sentido más bien pesimista de la vida, y detesta la Navidad, por la cantidad de regalos que no le apetece recibir.

3. Al *tipo atlético*, en el que predomina el desarrollo del esqueleto y la musculatura, de estatura elevada, hombros amplios, cuello ancho y manos grandes se le otorga un temperamento constante, con gran capacidad para el esfuerzo, siempre y cuando éste sirva para satisfacer su ego personal e impresionar al sexo opuesto. Se le atribuye cierta tendencia a irritarse con facilidad por motivos nimios; por ejemplo, cuando pierde las llaves de casa. Siente predilección por las actividades que exigen agilidad muscular y profusión de movimiento. No es aficionado a la comida exótica. Se levanta temprano para hacer la sesión diaria de flexiones y abdominales, gracias a lo que consigue derretir a las mujeres que le ven. Es terco, narcisista y egoísta.

Valoración de las mujeres según su constitución

1. A la mujer de *esqueleto medio*, que se rellena con carne protuberante en el pecho y las caderas, de cintura enjuta, muslos carnosos y bien torneados, pies que soportan estoicamente tacones de diez centímetros de los que nunca se apean, pelo opulento, labios túrgidos y trasero respingón se le otorga un ca-

rácter artificioso, zalamero, ávido de mimitos y proclive a la cursilería, excepto durante los ratos amatorios, donde se transforma en una fiera indómita que muerde, araña, resopla y grita. Practica ejercicios vaginales mientras espera al autobús, se restriega el cuerpo con aceite de almendras al salir de la ducha, invierte un dinero brutal en ropa ceñida, zapatos, cremas y perfumes, y consume con voracidad muchas revistas del corazón.

2. A la mujer de *esqueleto estrecho y prolongado*, frente amplia y despejada, silueta sin grasa, nariz larga, pelo corto o recogido, pies que siempre reposan en zapatos planos, manos ágiles, uñas y rostro sin pintar se le otorga un espíritu intelectual, tenaz, serio, impaciente, amante de la precisión, el buen gusto y las cosas sencillas. Es leal a sus pocas amistades, perezosa a la hora de buscar pareja. Lee el periódico todos los días, pasa mucho frío en invierno, prefiere ver películas en versión original y necesita leer algo antes de dormir. No entiende la mitad de los chistes que le cuentan, es mordaz en sus comentarios, le gusta coleccionar objetos de pulido diseño, huye de las fiestas multitudinarias, adora las cenas con pocos comensales donde están prohibidas las conversaciones simultáneas. No tolera el ruido ni tampoco la comida basura. Una vez al mes sorprende a sus invitados con la misma receta de *gourmet*.

Valoración de uno mismo

En la primera impresión no sólo influye el aspecto físico que nos exhiben otras personas; también desempeña un papel fundamental la imagen que tienes de tu propio cuerpo. Quien se encuentra satisfecho consigo mismo suele proyectarlo, y, cuando lo hace sin presunción, consigue recibir el calificativo de *atractivo*. Las mujeres son más conscientes de este hecho que los hombres, de ahí que inviertan un tiempo increíble en cuidados personales, sobre todo si son jóvenes solteras, en cuyo caso suelen considerar su cuerpo como una especie de tarjeta de visita, un reflejo de su personalidad, lo que les induce a cuidar su aspecto con esmero y dedicación.

Resulta curiosa y fascinante la diferencia de actitud de los hombres y las mujeres cuando se miran al espejo. En general, el hombre acostumbra a pasar por alto sus defectos o no les otorga excesiva importancia. La mujer, en cambio, tiende a observar meticulosamente ciertos detalles, necesita gustarse, sentirse segura de su físico, y suele estar predispuesta a reformar aquello que no le agrada.

Algunas partes del cuerpo femenino crean más ansiedad que otras, en especial si tienen la virtud de magnetizar a los hombres. El busto, las piernas y el trasero son objeto de atenciones, ayunos, vigilias y continuos desvelos, por cuya causa las mujeres se inmolan en el gimnasio, se incineran en la sauna y se arruinan al adquirir todo tipo de parafernalia en pos de la perfección estética.

El empeño que ponen algunas personas en lograr la perfección física provoca en ocasiones un resultado adverso: en lugar de disfrutar y sacar partido a lo bueno que tienen, se obsesionan con algunos defectos nimios y acaban teniendo una imagen distorsionada, negativa e irreal de su propio cuerpo. Cuando se muestran en público, y en especial si existe la oportunidad de ligar, estas personas suelen adoptar una postura *deprimida*, parecida a la que exhiben los adolescentes en los años de pubertad y con la que, de alguna forma, intentan esconderse. Aparte de esconderse de sus propios e imaginarios defectos, están ahuyentando cualquier posible oportunidad para ligar, porque el cuerpo habla, y este tipo de actitud huidiza, pusilánime y atemorizada provoca hostilidad y rechazo en el espectador.

Los hombres solteros suelen ir a las fiestas por compromiso. Las mujeres solteras acuden a las fiestas porque están convencidas de que allí les espera un amor.

Los factores sociales abarcan los modales y el atuendo. La forma de saludar, de comer, de vestirse, maquillarse o peinarse, los adornos y el aseo ponen de manifiesto algunos rasgos relevantes sobre la personalidad del sujeto. Por este motivo, un pequeño detalle inoportuno en el vestuario o el gesto pueden ahuyentar sin remedio cualquier posibilidad de relación social o el acercamiento de la persona anhelada.

El mundo actual se caracteriza, entre otros factores, por la importancia de la imagen externa como vehículo que permite entrar en contacto con los demás. La fachada de un individuo condiciona la impresión que el prójimo recibe sobre él, le hace parecer atractivo, deferente o reaccionario, facilita su entrada en un determinado grupo, o también puede provocar su aislamiento y rechazo. El vestido y el gesto forman parte importante de los signos que delatan el tipo de carácter de una persona y, además, ofrecen información sobre su nivel de educación, rango profesional, estado económico, pretensiones e inclinación estética.

Cuando un traje le queda mal a una mujer pensamos: «qué mal tipo tiene ésa». Pero si el traje le queda mal al hombre, la culpa la tiene el traje, que por lo visto está mal hecho.

En general, la persona respetuosa con las normas viste de una manera acorde con la ocasión social en la que se halla, emplea gestos con mesura y corrección e, independientemente de sus gustos y preferencias, suele evitar los detalles disonantes o fuera de contexto.

Sin embargo, el aspecto desaliñado o la indumentaria extravagante suelen manifestar una necesidad psicológica de sentirse único, diferente, cercano a todo lo que es novedoso y creativo; o también indican afinidad ideológica con determinados grupos reaccionarios. Otras veces, el atuendo y gesto provocadores, en especial si son estridentes, obedecen al anhelo de ser el centro de atención, blanco de todas las miradas y motivo fundamental en la conversación de los demás. Suele coincidir con las personalidades que tienden al histerismo o a los delirios de grandeza.

ALGUNOS DETALLES DEL ATUENDO MASCULINO QUE REPELEN A MUCHAS MUJERES EN UN PRIMER CONTACTO

- Los zapatos sucios o muy viejos.
- Pantalón demasiado estrecho.
- Barba desigual, con calvas, especialmente cuando su dueño posee unos labios carnosos, más bien colorados y brillantes.
- Olor a sudor.
- Demasiada colonia.
- Camisetas o polos excesivamente cortos y que exhiben un rollo de grasa sobre el pantalón.
- Dentadura descuidada.
- Uñas largas: cualquier tipo de uñas que no están *muy* cortas.
- Joyas.
- Camiseta interior que se transparenta.
- Corbata demasiado corta sobre una tripa prominente.

Sección de calcetines

- Cortos o caídos cuando se llevan con pantalón largo.
- Hasta las rodillas cuando se llevan con pantalón corto.
- De un color blanco con traje oscuro.
- Con sandalias.

ALGUNOS DETALLES DE LA MUJER QUE REPELEN A MUCHOS HOMBRES EN UN PRIMER CONTACTO

- Pelo excesivamente cardado y «compuesto» al que uno teme acercarse por si se cae a pedazos.
- Cualquier prenda fuera de lugar; por ejemplo, tacones en la playa.
- Voz de pito o que grita al hablar.
- Uñas que parecen garfios.
- Uñas comidas.
- Ropa demasiado complicada, con muchos lazos, volantes y perifollos.
- Exceso de maquillaje, de joyas y de perfume.
- Ropa vieja y excesivamente holgada.
- Pestañas postizas, cuando se nota que son postizas.
- Cualquier tipo de pelos *visibles* que no pertenezcan a la cabeza.

¡RECUERDA!

- *Antes de salir de casa conviene mirarse al espejo y pensar: «Si en este momento yo fuera la portada de un libro, ¿qué tipo de libro sería?, y, sobre todo, ¿querría alguien averiguar lo que llevo escrito dentro?»*

II. El lenguaje del cuerpo

Los expertos aseguran que el 93 por ciento de la comunicación humana no utiliza palabras; emplea gestos. De ahí que el éxito de algunas personas en el trato con los demás se halle estrechamente relacionado con su capacidad para dirigir señales corporales y reconocer las que otro envía.

Los padres modifican, amainan y rectifican nuestras expresiones verbales, amonestan la locución sincera de ciertas opiniones, nos enseñan a ser educados, a usar palabras precisas en el momento oportuno; pero, en cambio, no suelen descodificar ni corregir nuestros gestos. Por ejemplo, cuando el niño se niega a besar a una señora que ha venido de visita, su madre, no contenta con este gesto que en realidad lo dice todo, insiste en obtener una respuesta verbal del niño. Debido a su inocencia, el chico espeta la verdad: «No quiero saludarla, porque es muy fea y me da mucho asco la verruga que tiene en el moflete», a lo que la madre responde con un castigo, para que su hijo aprenda a no ser tan grosero la próxima vez. De este modo, nuestros progenitores nos incitan a medir las palabras, a no verbalizar una opinión sincera cuando ésta pueda herir a alguien. Así aprendemos a fingir con palabras; pero, en cambio, nadie se ocupa de educar nuestro lenguaje corporal (excepto en el caso de cualquier tipo de agresión directa) y, por tanto, el cuerpo se convierte en el escaparate que exhibe el pensamiento sin tapujos.

Quien sabe descodificar los gestos del prójimo puede hacerlo de forma consciente o intuitiva, pero en ambos casos discierne con facilidad si la aproximación es una buena o mala idea. Por el contrario, el que permanece ciego al lenguaje corporal de los demás suele hacer el ridículo y se mete en un montón de problemas.

UN BUEN CAMPO DE ENTRENAMIENTO

Si quieres aprender a descifrar el lenguaje del cuerpo, observa detenidamente a la gente la próxima vez que vayas a la playa. Allí las personas que no se conocen de nada pasean por la orilla con una ropa que deja al aire toda suerte de imperfecciones, y de ahí el extremo cuidado que pone el gentío playero con su lenguaje corporal. Sobre la cálida arena hacemos grandes esfuerzos para que nuestro cuerpo semidesnudo, expuesto a la vista de los demás, hable bien de nosotros cada vez que nos acercamos al borde del mar, chapoteamos en las olas, tomamos el sol, nos pringamos de crema y nos cruzamos con alguien del sexo opuesto.

Si un hombre y una mujer caminan uno hacia el otro por la orilla, el cambio radical de postura se produce justo cuando están lo bastante cerca para ser objeto de escrutinio por parte del otro. Como por arte de magia, ambos cuerpos se estiran, pierden flaccidez, el pecho se proyecta hacia adelante y la espalda hacia el cielo, los glúteos se tensan, el rostro se muestra altivo y, por supuesto, la tripa se esfuma. Una vez que el cruce entre ambos ha concluido, tanto el hombre como la mujer se relajan y vuelven a adoptar la postura natural.

¿Te has detenido alguna vez a examinar a la muchedumbre que invade la orilla del mar? Observarás un continuo ir y venir de carne temblona y músculo aceitoso; pero, además, verás cómo todas las chicas monas, sin excepción, entran en el mar de puntillas, con los brazos alzados y conteniendo la respiración. Aparentan que el agua está fría, pero, en realidad, se trata de una compostura muy estudiada, con la que logran aparentar unas piernas más largas de lo que son, tensan pantorrillas, glúteos y muslos, elevan la caída del busto y consiguen que la tripa les desaparezca. Una vez dentro del agua, la cosa cambia; ya nadie les ve más que el rostro y se pueden permitir un respiro.

LEER EL CUERPO DE LOS DEMÁS

El gesto y la postura constituyen un perfecto indicativo para averiguar el estado de humor y lo que piensa la persona que tenemos enfrente. La manera con que sostiene el cuerpo, su mirada, la inclinación de su torso y los movimientos de sus manos otorgan la clave que permite descifrar si el individuo siente ansiedad, confianza, desinterés o deseo de notoriedad en una determinada situación social.

El ademán de una persona cambia tan rápido como sus sentimientos, y en él intervienen las partes del cuerpo que se mueven con autonomía: boca, ojos, cejas, brazos, manos, piernas, pies y torso. Todos estos miembros corporales mezclan movimientos, y cada uno otorga una información diferente. Al igual que ocurre en los ejercicios de combinatoria matemática, la postura humana consigue emitir un mensaje distinto cada vez que mueve una parte del cuerpo mientras el resto permanece inmóvil. Por ejemplo, una persona que sonríe con los ojos *y* la boca parece simpática, mientras que si *sólo* lo hace con la boca resulta de lo más hipócrita.

Los hombres exhiben un repertorio de gestos eróticos más escueto que el de las mujeres. Ello se debe a que las chicas seducen en primer lugar; su lenguaje corporal está plagado de recursos, algunos muy sutiles, que intentan captar la atención del chico e incitan su aproximación. Es el ritual de coqueteo. El hombre sólo pone en funcionamiento sus gestos de cortejo cuando colisiona contra el dardo mágico que le lanza una mujer mientras coquetea, gracias al que intuye que puede avanzar sin tropiezos. Por este motivo, oír que una mujer es *coqueta* resulta de lo más normal, pero si alguien nos dice que Fulanito es muy *coqueto*, pensamos bastante mal de Fulanito. La mujer invita primero con la postura: «Mírame, sorpréndete y acércate», y sólo después el hombre asume el riesgo de aproximarse para iniciar una conversación. Lo que luego suceda es otra historia:

> Las mujeres hacéis con nosotros lo que os da la gana. Primero llenáis el camino de pistas con las que nos susurráis: «Cómeme», y cuando ya estamos dispuestos a hincar el diente, entonces cambia la táctica. Comenzáis a dar largas, ponéis cara de desprecio, decís cosas del tipo: «Me apetece, pero no puedo»... El caso es fastidiar.

El orden de, primero, estímulo femenino y, segundo, respuesta masculina es y ha sido el más frecuente a lo largo de la historia de la humanidad. Algunas personas han pregonado a los cuatro vientos que conviene modificarlo, ya que según ellas la posición de los factores no altera el producto final; pero, por el momento, no parecen haber convencido a demasiada gente. Todavía hoy una mujer se siente vieja cuando cree que ha dejado de ser atractiva para los hombres, es decir, cuando sus recursos-estímulo no funcionan. En cambio, el hombre se sabe viejo cuando dejan de interesarle los recursos-estímulo que emplean con él las mujeres atractivas.

«MÍRAME» Y «ACÉRCATE». CÓMO COQUETEAN MUJERES Y HOMBRES DESDE LEJOS

> Los hombres jamás conoceremos los trucos que emplean las mujeres, pero hay que reconocer que nos divertimos mucho intentándolo.

Qué hace la mujer

- Inicia un contacto visual deliberado. Captar la mirada de otro es clave en el ritual de seducción y por ello se incluye un apartado en exclusiva más adelante.
- Mira de reojo. Atrae la mirada del elegido, la sostiene durante unos segundos y luego la desvía.
- Levanta una ceja, o las dos, en un movimiento rápido.
- Sacude la cabeza para echar el pelo hacia atrás.
- Sonríe. Se moja los labios o se muerde el labio inferior con lentitud.
- Pestañea como a cámara lenta.
- Evita cualquier tipo de barrera con los brazos o las manos. Por ejemplo, elude cruzarlos, coloca las manos en las caderas o las cruza en la espalda. Cuando sostiene un vaso lo hace con una sola mano que aparta del cuerpo.
- Ladea la cabeza o se aparta el pelo de la cara. Lo toca y manosea. Hasta las mujeres con el pelo corto utilizan este gesto.
- Permite que el elegido vea la piel suave y lisa de las muñecas (una de las zonas más eróticas del cuerpo). Lo suele hacer situando la mano en su propia nuca o *sujetándose* la cara.
- Acaricia un objeto cilíndrico: el borde de una copa o su base, un cigarrillo, un anillo...
- Cuando está sentada, cruza y descruza las piernas con parsimonia, se agarra o acaricia la rodilla de la pierna superior.

Qué hace el hombre

> Las mujeres se derriten ante la visión del esfuerzo masculino; se licuan al contemplar cualquier destreza viril, es decir, cuanto más cerca está un hombre de matarse, más romántico les parece a las mujeres.

- Mira el cuerpo de la chica, en especial el busto, glúteos y piernas (al contrario que en el caso femenino, en el que ella mira fundamentalmente el rostro).
- Sonríe. Habla con voz potente y se ríe de forma sonora.
- Si está sentado, reclina la espalda ligeramente hacia atrás mientras otea el lugar levantando la barbilla.
- Proyecta el pecho hacia adelante, los hombros hacia atrás y eleva la cabeza.
- Uno de sus pies apunta a la elegida.
- Se lleva una mano a la garganta para arreglarse la corbata. Si no usa corbata, se toca el cuello de la camisa.
- Se quita una mota imaginaria de polvo del hombro, se mira el puño de la camisa y se alisa la chaqueta, la corbata o cualquier otra prenda.
- Coloca las manos en las caderas, o los pulgares en el cinturón.

¡Sí!

— La afinidad en la comunicación no verbal inspira seguridad, calma y confianza. Por este motivo una fórmula que garantiza el éxito en el primer encuentro es calcar la postura y los gestos de la persona a la que queremos conquistar. Si ella está de pie, levántate. Si adopta una postura cómoda, cópiala.

— La única circunstancia en la que no debes imitar al otro es cuando se muestra demasiado tenso o nervioso. En este caso el gesto debe ser opuesto: hay que aparentar tranquilidad, sosiego y naturalidad.

¡No!

— Evita el exceso de proximidad física. La mayoría de la gente necesita mantener una cierta distancia entre su cuerpo y el de otras personas, y por tanto reacciona de forma negativa cuando un desconocido se acerca demasiado e invade su territorio. La necesidad de espacio personal tiene lugar incluso en los lugares reducidos o muy concurridos, donde, a pesar de la falta de sitio libre, casi todo el mundo detesta que le rocen o le toquen.

MIRADAS QUE ENAMORAN Y MIRADAS QUE MATAN

Los científicos aseguran que los ojos protagonizan el lenguaje no verbal más rico y preciso. Al contrario de lo que se cree, su capacidad de expresión no se debe al color azul, verde o marrón, ni siquiera a la forma o el tamaño que tienen. Las genuinas artífices del vocabulario ocular son las pupilas, que funcionan de forma independiente al resto del cuerpo. En las mismas condiciones de luz, las pupilas se dilatan o contraen en función de lo entusiasmada o apática que esté la persona, y con ellas no hay engaño posible. Los antiguos comerciantes chinos de piedras preciosas conocían a la perfección esta propiedad de las pupilas de sus clientes. Por eso, cuando éstas se dilataban, doblaban el precio de la mercancía.

Los enamorados se miran mucho a los ojos, ¡muchísimo!; pero en un primer contacto la intensidad de la mirada y el tiempo que se mantiene han de estar bajo estricto control. Un desconocido que mira demasiado rato o de forma muy concentrada da la sensación de ser un tipo peligroso o de estar chalado.

Claves para mirar a quien nos gusta

1. En el inicio del ritual de seducción *dirigir la mirada sólo hacia el rostro de la otra persona*. La zona entre los hombros y las rodillas está prohibida, porque cuando comienza el escrutinio sexual, termina el coqueteo inocente.
2. *Sostener la mirada un máximo de 4 segundos*. Si se mantiene un segundo más de la cuenta, el receptor lo interpretará como un desafío o percibirá sentimientos de dominio y superioridad.
3. *Acompañar la mirada con una sonrisa limpia y con un gesto corporal abierto*, pues resulta más eficaz.
4. *Tener cuidado con las miradas demasiado rápidas y repetidas*. El destinatario pensará que ocurre algo extraño.
5. *No mostrar al otro las intenciones de la mirada*, ya que son excesivamente obvias cuando:

   — Se guiña un ojo.
   — Se abren demasiado los ojos.
   — Se arquean las cejas.
   — Se abre la boca, se muestra la lengua y se apoya en el labio superior.

6. *Saber que el mensaje de la mirada es diferente* según el trayecto que hagan nuestros ojos por el rostro de la otra persona:

— *Mirada intensa*. Recorre una especie de triángulo imaginario que abarca los ojos de la otra persona y sube hasta un punto en el medio de sus cejas o su frente. Esta forma de mirar es la más adecuada en el preludio de los momentos íntimos.
— *Mirada amistosa*. Recorre un triángulo que comprende los ojos de la otra persona y el labio inferior.
— *Mirada para ligar*. Triángulo imaginario que cruza pausadamente la frente a la altura del nacimiento del pelo y baja despacio hasta la punta de la barbilla. La clave del éxito en esta forma de mirar se halla en el *tempo*. Al mover los ojos por todo el rostro, no se intimida a la otra persona tanto como con la mirada intensa, pero al hacerlo con parsimonia, con sosiego, se expresa un cierto deleite con lo que se está viendo, lo que el otro suele interpretar como un halago.

III. Miedo al rechazo. Cómo superarlo

CAUSAS DEL RECHAZO

Muchas personas tienen que luchar contra su timidez, nerviosismo o falta de estima para lograr el acercamiento al sexo contrario. El primer paso, el del flirteo, es el más difícil de superar, porque el individuo teme ser objeto de irrisión o de burla, lo que congela cualquier intento de aproximación y le hace huir antes de tiempo. Para justificarse, suele argumentar múltiples razones, recogidas en el siguiente cuadro.

PENSAMIENTOS NEGATIVOS QUE IMPIDEN EL ACERCAMIENTO AL OTRO
Los más frecuentes en la mujer • «Tengo que adelgazar X kilos antes de salir por ahí.» • «Todos los que merecen la pena ya se han casado.» • «A los hombres sólo les interesa el sexo; y a mí no me apetece de buenas a primeras.» • «Sólo me interesan las relaciones serias, y a los hombres no les va eso de comprometerse con una mujer.»

PENSAMIENTOS NEGATIVOS QUE IMPIDEN EL ACERCAMIENTO AL OTRO

Los más frecuentes en el hombre

- «Lo único que persiguen las mujeres es una buena boda y tener hijos. No lo soporto.»
- «Las mujeres prefieren a los hombres con dinero y yo no soy rico.»
- «Ahora sólo me interesa mi trabajo.»
- «Las mujeres que a mí me gustan están demasiado solicitadas.»
- «Ellas quieren reírse, y yo no tengo ni pizca de gracia.»
- «Ellas nunca hablan claro, todo lo dicen a medias, de forma indirecta; no las entiendo.»

En ambos

- «Para ligar bien hay que esforzarse mucho. No me compensa.»
- «Hay demasiada competencia.»
- «Estoy bien así. No necesito compañía.»
- «Soy muy independiente y me encanta hacer lo que me da la gana.»
- «No quiero perder el tiempo con gente que no me va.»
- «El amor hace sufrir, y ahora necesito tranquilidad.»

En el miedo al rechazo interviene una larga cadena de pensamientos negativos que obligan al individuo a considerar las relaciones sociales con escepticismo, donde todo es malo, nada resulta atractivo, y siempre parece interponerse alguna dificultad insalvable que la persona utiliza para disculpar su conducta. En este perfil de personalidad, fundamentalmente medroso, negativo y pusilánime, intervienen al mismo tiempo los siguientes factores:

— *Complejos*: «Estoy gorda; no tengo ni pizca de gracia», por cuya causa el individuo piensa que es inferior a los demás.

— *Argumentos contra el sexo opuesto*: «Sólo quieren casarse, meten las narices en mi vida», etc., con los que intenta compensar los anteriores mediante el desprecio y el desdén.

— *Justificaciones personales*: «No necesito compañía, no quiero perder el tiempo», que no son más que un mecanismo de defensa disfrazado de egoísmo y autosuficiencia.

— *Desconocimiento de las reacciones del sexo contrario*: «Ellas nunca hablan claro.» «Los hombres huyen de las relaciones serias», etc., lo que produce ansiedad y miedo a hacer el ridículo.

Quienes temen el rechazo suelen huir de los obstáculos que acarrea toda relación social: «Hay que esforzarse mucho y no me compensa.» El pánico al desengaño es más fuerte que el deseo de superarlo, y la falta de gratificaciones sociales termina erosionando su equilibrio emocional: «El amor hace sufrir.» Estas personas piensan que la frustración está garantizada y no se ofrecen la oportunidad de comprobar lo contrario. Sienten tal miedo a la humillación que, como mecanismo de defensa, se baten en retirada antes de que la batalla haya comenzado: para evitar el tropiezo, deciden no caminar; y así no tropiezan: «No necesito compañía.»

El origen de tal conducta se remonta a la infancia. El hogar escueto en palabras, sucinto en caricias y breve en expresiones cultiva mejor que ningún otro factor la timidez de los hijos, ya que los seres humanos aprendemos a dar y recibir afecto a través del que nos regalan nuestros padres. Hay familias en las que impera un estilo de comunicación pobre en expresiones y escaso de ternura: papá emite un parco gruñido durante la cena, e inmediatamente los niños entienden que está pidiendo más agua; mamá sonríe levemente antes de salir por la puerta, y los niños aprenden que así dicen «adiós» los adultos cuando se despiden de la gente a la que quieren. En muchos casos, además, los padres presentan a uno de sus hijos advirtiendo antes «Éste es el tímido», para dejar claro lo socialmente hábiles que son los otros hermanos.

Si el ambiente familiar adolece de cariño o manifiesta preferencias de ternura entre padres y un determinado hermano, el individuo enferma en su capacidad para dar o recibir estima. En los años de madurez, cuando toca desviar el apego sentimental hacia el prójimo, esta persona lo hace con dudas, sin independencia afectiva, sin dosificar la necesidad de ser querido y la de querer a otro en su justa medida y de forma acorde con las circunstancias. Son gentes inseguras, apocadas o de talante solitario. Además, para estropear un poco más las cosas, al tímido se le congela el gesto cada vez que se relaciona con los demás, lo que precipita su fama de antipático, grosero o adusto.

En casos extremos algunas de estas personas tienen una sed agobiante de ternura, reclaman atención sin freno; o, por el contrario, se muestran frías, carentes de toda vibración emocional, y contemplan las relaciones humanas con soberbia y desdén. En ocasiones ambas posturas, sedienta y displicente, se dan al mismo tiempo, lo que ahoga al sujeto y a quienes le tratan en un mar de confusión.

CLAVES PARA SUPERAR Y VENCER EL MIEDO AL RECHAZO

Las claves para vencer el miedo al rechazo se resumen en los cinco puntos siguientes:

1. Descubrir las propias cualidades y aprender a destacarlas.
2. Saber que los demás también cometen errores.
3. Practicar una nueva forma de conducta: la naturalidad.
4. Observar la respuesta que los demás otorgan a la nueva actitud.
5. Disfrutar del premio.

Descubrir las propias cualidades y aprender a destacarlas

Todos los seres humanos tienen virtudes y defectos y la clave del equilibrio en la autoestima consiste en compensar los segundos con los primeros. Las personas excesivamente tímidas o apocadas se concentran más en los fallos, hasta el extremo de olvidar que también tienen habilidades.

Para que lo positivo salga a la luz y se desarrolle, conviene aprender a expresar sin miedo lo que se siente, a marcarse metas realistas y estar seguro de que pueden alcanzarse. También es importante hacer inventario de las propias cualidades y reflexionar sobre la manera en que, por timidez, se han ido ocultando. Por ejemplo: «No estoy mal, pero intento disimular mi físico bajo la ropa, aunque en realidad no hay nada especial que esconder», «Tengo las ideas claras, pero no me atrevo a exponerlas y dejo que los demás me impongan las suyas».

Saber que los demás también cometen errores

Convéncete de que *todas las personas*, incluso las más famosas, guapas, inteligentes y ricas, *sufren tropiezos* en sus relaciones sociales.

> Ella era de esas con mucho cuerpo y poco seso. Era famosa y hablaba con todos como si les estuviera perdonando la vida. De

> pronto, sin venir a cuento, se me acerca y me susurra al oído: «Tengamos un hijo juntos para que herede mi belleza y tu inteligencia.» A lo que yo respondí inmediatamente: «Perdona, pero no puede ser. Corremos el riesgo de que herede Mi belleza y Tu inteligencia.»

Para conocer a la persona que nos interesa, no tenemos más remedio que relacionarnos socialmente. Todas las oportunidades son buenas, todas las ocasiones propicias, por tanto hay que salir por ahí, dejarse ver y hablar con todo el mundo aun a riesgo de que alguien nos rechace de vez en cuando. Siempre es mejor intentar un acercamiento, aunque no salga bien, que no intentarlo en absoluto.

Practicar una nueva forma de conducta: la naturalidad

Los pensamientos negativos provocan angustia y temor, mientras que los positivos fomentan el buen ánimo y la ilusión. Por ello, en lugar de un «Seguro que voy a decir una tontería y todos se van a reír de mí», es mejor pensar: «Me van a aceptar tal como soy, incluso con mis defectos.» La regla de oro en el trato con los demás es la *naturalidad*: mostrarse tal como uno es significa no pretender ser mejor que el prójimo y no sentir que se es peor, no aparentar, mantener la propia identidad, huir de la pedantería y de la afectación, así como desechar el complejo, el apocamiento, el retraimiento y el hermetismo. La naturalidad provoca siempre una inmediata simpatía en los demás.

La espontaneidad y la naturalidad pueden ser innatas, pero también es posible adquirirlas, practicarlas y mejorarlas. En cualquier caso, exige conocerse bien, saber cómo reaccionamos en cada situación y cuáles son nuestros puntos débiles o fuertes. Un buen ejercicio para comenzar es puntuar las listas que se exponen a continuación. Hay que dar una mayor calificación a la situación más conflictiva.

A. ¿Quién me intimida más?

— Gente del sexo contrario con quien podría ligar.
— Cualquier persona del sexo contrario.
— Personas de mi mismo sexo.
— Compañeros de estudio/trabajo.
— Profesores/jefes del sexo contrario.
— Mis padres o uno sólo de ellos.
— Otros.

B. ¿En qué situación sufro más?

— Cualquiera en la que la gente coquetea: una discoteca, fiesta...
— Cuando tengo que pedir algo prestado, una dirección, etc.
— Cuando he de expresar mi opinión.
— Cuando tengo que devolver una prenda defectuosa, reclamar algo, protestar cuando en un restaurante me sirven algo que está frío o no es de mi agrado...
— Otras.

Las personas y las situaciones que se hayan señalado con una puntuación más alta *son las que hay que cambiar*, y esto se irá haciendo poco a poco:

— Elegir primero aquello que se ha marcado con una puntuación más baja, ya que estas situaciones o personas son, probablemente, aquellas que se controlan mejor y con las que te muestras más natural y espontáneo. Si intentas combatir desde el principio lo más difícil, corres el riesgo de recibir respuestas negativas, lo que precipitará la desilusión y evitará una mejoría.

Cuando se procede de forma gradual, desde los puntos más bajos hasta los más altos, la probabilidad de éxito es mucho mayor. El objetivo es alcanzar suficiente confianza en uno mismo y tenerla en el prójimo.

— Empezar a ser muy simpático con la gente que no produce tensión. La simpatía es una de las virtudes más rentables del carácter humano; garantiza el éxito y asegura el respeto y la amistad de los demás.

> *C. ¿Con qué tipo de gente me siento más tranquilo y confiado?*
>
> — Niños.
> — Gente que no pertenece a mi círculo de estudios/profesional.
> — Vecinos.
> — Familiares.
> — Compañeros.
> — Otros.

Hay que sonreír y tratar con el mismo alborozo y franqueza a todos los que se hayan señalado en esta última lista, ya sea el cobrador del autobús, un niño, el médico, la vecina de enfrente, la cajera del supermercado, el cartero, un camarero, el primo lejano al que no se ve desde hace un siglo, *¡a todos por igual!* Poco a poco el círculo de gente se irá extendiendo hasta alcanzar a las personas que producían mayor inseguridad.

Observar la respuesta que los demás otorgan a la nueva actitud

Observar la respuesta de la gente cuando se está produciendo el cambio de actitud: a continuación se incluye un cuadro que describe los distintos tipos de personalidad, cómo reaccionan y qué respuesta obtienen de otras personas.

TIPOS DE PERSONALIDAD.
CÓMO RESPONDEN A LOS ESTÍMULOS SOCIALES

Actitud	*Tímida*	*Dominante*	*Manipuladora*	*Asertiva*
Actitud básica	«Soy peor que los demás.»	«Soy mejor que los demás.»	«Hago con los demás lo que quiero.»	«Merezco la pena. Los demás también.»
Toma de decisiones	«Dejo que los demás decidan.»	«Decido por los demás.»	«Yo decido y consigo que tú trabajes para mí.»	«Tomo mis propias decisiones. Respeto las ajenas.»
Comportamiento	Autocompasivo.	Egoísta.	Engañoso.	Honesto, natural.
Reacción que provoca en los demás	Burla, abuso, olvido, compasión.	Miedo.	Sospecha.	Respeto, simpatía.
Lo que pretende obtener de los demás	Caer bien, recibir afecto y simpatía.	Obediencia.	Controlarlos de forma indirecta.	Respeto, amistad.
Resultado	Huida.	Rechazo.	Engaño.	Equilibrio.

La gente asertiva se relaciona con los demás tratándoles como a iguales y normalmente obtiene de ellos un trato equivalente. Expresa sus opiniones con seguridad y convencimiento, aunque no las impone ni permite que otras personas le impongan las suyas. Escucha con respeto, es tolerante, de trato fácil. Tiene confianza en sí misma y la inspira en los demás.

La personalidad asertiva se hereda, pero también se adquiere. Es la que da mejores resultados, tiene mayor aceptación social y produce más gratificaciones tanto a quien la posee como a quien se relaciona con dicha persona. Para saber lo cerca o lejos que nos hallamos de la asertividad, conviene reflexionar sobre lo siguiente:

- Cuando manifiesto mi opinión de una manera franca y natural, ¿cómo me siento yo?: bien, mal, regular. ¿Cómo responden los demás?: con desagrado, burla, agresividad, respeto, interés...
- Si me visto de una manera más sensual o provocativa de lo habitual, porque quiero que alguien concreto se fije en mí, ¿cómo me siento yo?, ¿qué respuesta obtengo de mis amigos/padres/hermanos?, ¿qué respuesta obtengo de la persona a la que pretendo gustar?
- Si la persona que me interesa no me hace caso a la primera, pienso:

1. «El defecto está en mí.»
2. «El defecto está en la otra persona: tiene problemas incompatibles conmigo.»
3. «Nadie tiene un defecto, lo que ocurre es que ambos tenemos gustos diferentes: Yo soy de chocolate y él/ella prefiere la vainilla.»

- Si no consigo tener éxito a la primera digo:

1. «Esto es muy complicado, me retiro.»
2. «¡El siguiente!»

Disfrutar del premio

Si conoces las causas de un determinado comportamiento que te hace sufrir y trabajas para lograr una mejoría, podrás controlar tu vida, enfocarás tus actos hacia metas alcanzables y realistas, no esperarás del prójimo más de lo que puede dar, sabrás que mereces ser feliz y que tienes muchas posibilidades de lograrlo sin depender de los demás.

Cuando hagas cualquier tentativa de acercamiento a alguien, convéncete de que el esfuerzo acabará aportando un premio. ¡A por él!

QUÉ HACER Y QUÉ NO HACER PARA LOGRAR UNA ACTITUD ASERTIVA

¡Sí!

- Haz que desaparezcan las excusas para no salir de casa. Nadie va a cruzar la ciudad para llamar a tu puerta, ni proclamará a los cuatro vientos que quiere ser tu amante si te empeñas en quedarte encerrado en casa y no circulas por el mundo. Cuando pretendes que te quieran, tienes que dejarte ver, hacerte familiar y cercano, demostrar que estás disponible y preparado para hablar con cualquiera; al menos es lo que recomienda un estudio que se realizó en Estados Unidos hace unos años. Este experimento consistía en enseñar a un grupo de estudiantes una serie de retratos de distintas personas. Quienes se prestaron a la prueba coincidieron en señalar que *tenían ganas de conocer* a los individuos que aparecían mayor número de veces en esas fotos. Los científicos demostraron que cuantas más veces te topas con una persona, más cercana te acaba resultando y más te apetece hablar con ella; así que toma buena nota y sal de casa enseguida.

- Aprende a vestirte de una forma atractiva. La ropa y el arreglo personal son el espejo de tus sentimientos, y además *pueden cambiar tu estado de ánimo*. Por ejemplo, la ropa sexy y los zapatos hacen milagros en la forma de caminar y de posar. Como por arte de magia te vuelves consciente de lo deseable que podría resultar tu propio cuerpo y terminas produciendo la misma impresión en los demás.
- Practica nuevas formas de contacto visual.
- Acuérdate de respirar profunda y lentamente antes de hablar, si notas que te domina la ansiedad. Mueve los músculos de la cara repitiendo mentalmente *AI-OU, AI-OU, AI-OU* varias veces seguidas para lograr que desaparezca el gesto pétreo que tanto horroriza al espectador.
- Trata a todo el mundo con la misma deferencia. Detrás de todos los cuerpos y de todas las caras puede haber una personalidad que merece la pena conocer, y no olvides que mientras lo estás haciendo, quien te interesa de verdad puede estar mirando.
- Convéncete de que los demás sienten el mismo miedo al rechazo que tú. Ponte en su lugar e intenta que su miedo se disipe.
- Olvida la autocompasión: «Nadie me hace caso porque no merezco la pena.» No conduce a nada bueno.

- No estropees un cumplido diciendo: «No, no, ¡qué exageración!» Disfrútalo con un «¡Gracias!».
- Lucha por conseguir la atención de la persona que te gusta. Ataca con el lenguaje corporal, acércate, roza su brazo; di lo que sea, pero di algo.
- Efectúa el cambio de actitud progresivamente: no intentes resolver las situaciones más difíciles antes de adquirir total confianza y seguridad en las que ocasionan menos tensión.

¡No!

- No pienses que tu presencia es una basura hasta que oigas una frase insultante. Y si la oyes, brinda a su autor idéntico trato.
- No te dejes dominar por la siguiente idea: «Para hacerlo mal, mejor no lo hago», porque estarás perdiendo la oportunidad de hacerlo bien.
- No pretendas del prójimo más de lo que puede dar.
- No te dejes llevar por la opinión de los demás. Afianza tus propios juicios y exprésalos con libertad, sin imponerlos.
- No creas que cuando alguien te dice «No», el resto de la humanidad lo dirá también.
- No permitas que el miedo sea más fuerte que tu deseo.
- Para iniciar un contacto con una persona no hay que estar *totalmente seguro*. El ritual de seducción sirve, entre otras cosas, para confirmar las sospechas que se tenían acerca de esa persona. No se puede estar seguro de nada hasta que ha transcurrido un tiempo de contacto entre ambos.

CONSEJOS PARA QUE EL RECHAZO NO CAUSE DOLOR

1. No te culpes por el comportamiento de los demás. Si te diriges a alguien que se muestra hostil o que no te responde en absoluto, la culpa no es tuya. Esa persona no te conoce, no puede atribuirte defectos que no ha comprobado, así que lo más probable es que no tenga ganas de hablar contigo por un problema particular y privado que no guarda relación alguna contigo.
2. Cuando no tengas éxito a la primera, usa estas palabras: «¡El siguiente!»
3. No anticipes un fracaso.
4. Recuerda que el flirteo es el arte de acercarte a otra persona sin intenciones serias ni definitivas. Ligar significa que te apetece compartir un trozo de tu tiempo con un desconocido sin que sea necesario entrar en profundidad. El rechazo de esta persona no tiene por qué afectarte si no esperas de ella algo importante; en última instancia, sólo has perdido unos cuantos minutos y, al parecer, eso es algo que le ocurre a todo el mundo, según confirma el siguiente testimonio:

   > Cuando empezó la película y me envolvió la oscuridad del cine, pasé descuidadamente mi brazo por detrás del asiento de ella y dejé que éste cayera suavemente sobre su hombro. Ella entonces dijo: «Eh, tú, quita ese brazo, tío.» Fue una pena que ella no quisiera comprobar el príncipe de pasión en el que estaba dispuesto a convertirme.

5. No te obsesiones con la única vez que alguien te ha dicho «No» y disfruta de todas las veces en las que ha habido un «Sí», aunque esta palabra no haya sido pronunciada (todavía) por tu amor platónico.

IV. Romper el hielo

> Las mujeres hablamos simplemente por el placer de hablar; pero los hombres sólo hablan cuando les interesa obtener algo, ya sean unos calcetines limpios, un contrato profesional o un ligue que llevarse a la cama.

> Lo primero que tienes que decirle a una mujer es: «Eres la mujer más increíble que he visto en mi vida.» Las mujeres se pirran por oír ese tipo de cosas. Después, puedes tratarla en plan normal, sin esforzarte demasiado, porque ya la tendrás medio hipnotizada.

A las mujeres les encanta que el hombre asuma el riesgo de acercarse para conversar. Después pretenden que las impresione, para luego ellas impresionarle de vuelta. Tanto él como ella ambicionan compartir una conversación de talante cascabelero, ameno y jovial que les permita gustarse mutuamente, intercambiar teléfonos y conseguir un próximo encuentro.

Pero muchas veces, tras las convenientes presentaciones que duran breves minutos, no se sabe qué decir ni surge un tema de mutuo interés que permita la continuidad de la relación. Hay quien, para romper el hielo, utiliza fórmulas excesivamente trilladas que resultan demasiado previsibles.

Otras personas piensan que el parco en palabras lo es también en cultura. Para alejarse de semejante imagen, utilizan un lenguaje engolado, poco común y forzado, que tiene como objetivo impresionar al interlocutor... y la mayoría de las veces lo consiguen, por lo que el interlocutor huye a toda velocidad. Asimismo, existe quien, en el intento de ser muy original, provoca una situación complicada, en la que se riza el rizo y que adolece de naturalidad. Es el caso del chico que mete los dedos en su bebida y luego salpica el vestido de la chica. No contento con semejante gracia, insiste: «¿Por qué no vienes a mi casa y te quitas esa ropa mojada?»

El miedo a quedar paralizado cuando se tiene mucho interés en demostrar gracejo e inteligencia es tan frecuente, que incluso la gente más acostumbrada a encandilar al público tiene que recurrir a estratagemas para aliviarlo. Algunos se ciñen más o menos a las reglas que veremos más adelante, pero hay otros que diseñan un truco de uso personal e intransferible. Uno de ellos era, por ejemplo, Winston Churchill. A pesar de su corpulento prestigio, a Churchill le intimidaban las mujeres con las que se tenía que relacionar socialmente. No sabía qué decir ni cómo actuar, por lo que decidió inventar una artimaña que le ayudase a salir del apuro: cada vez que se topaba con una mujer, se la imaginaba con una carrera en la media... Supongo que para sentirse superior o algo por el estilo.

De cualquier manera, sentirse mejor que nadie cuando se intenta ligar suele ser un mal comienzo, y prueba de ello es que Churchill no pasó a la historia precisamente por su éxito con las mujeres. Tampoco conviene sentirse inferior al otro, ni siquiera demostrar más gracia, simpatía o locuacidad.

¡RECUERDA!

- *Lo único importante, lo verdaderamente esencial, es dirigirse al otro con naturalidad, con respeto y, sobre todo, con ganas de escuchar lo que él o ella tienen que decir.*

TÁCTICAS PARA ROMPER EL HIELO

1. Observa detenidamente a la otra persona, su lenguaje corporal y todas las posibles señales que indiquen si el acercamiento va a ser acogido con agrado.
2. Elige el momento idóneo. No conviene interrumpir una conversación entre dos o más personas, ni tampoco se debe obstaculizar la concentración de alguien que lee, escribe o trabaja.
3. Cualquier acercamiento debe estar precedido por una sonrisa.
4. Inicia el contacto con una frase sencilla. No te empeñes en hacer gracia o parecer original. Recuerda que la falta de naturalidad produce un efecto nefasto.
5. Saluda y preséntate.
6. Pregunta o comenta algo que haga referencia al lugar o situación que se vive en ese instante; por ejemplo, en el gimnasio: *«Esto cansa, ¿eh?»*
7. Muestra interés por la actividad de la otra persona.
8. Elogia el atuendo, gesto, disposición o habilidad de tu interlocutor.
9. Pide u ofrece información, ayuda o consejo.
10. Haz un comentario que demuestre tu buena disposición de ánimo. Utiliza siempre un tono positivo, por ejemplo, susti-

tuye las frases del tipo «este sitio es un rollo y además hace demasiado calor, ¡vámonos de aquí!» por «me apetece dar una vuelta/salir a la terraza, ¿me acompañas?».

DOCE TRUCOS PARA CONTINUAR HABLANDO DESPUÉS DE ROMPER EL HIELO

1. *Archivar en la memoria el nombre de la otra persona y usarlo muchas veces durante la conversación.* Si el interlocutor tiene la desgracia de tener unos padres con mal gusto para los nombres y le han puesto uno como Quircila o Ursicio, conviene moderar el temple y evitar la pregunta de rigor: «Ursi... ¿¿quééé??» Precisamente un nombre extraño es un buen tema para romper el hielo e iniciar una conversación poco trivial. Permite hablar al otro de sí mismo, de cómo se siente con semejante nombre, de las desgracias o satisfacciones que le ha facturado. Naturalmente, conviene alabar la genialidad de llamarse de ese modo, la personalidad que muestra quien lo lleva: «Ursicio (pausa)... Ursicio (pausa y gesto de deleite)... ¡Qué nombre tan original!» (gesto de estar muy convencido de lo que se acaba de decir). No sólo hay que iniciar la charla con acierto, sino permitir que el otro se sienta halagado.

Queda absolutamente prohibido hacer cualquier tipo de broma con el nombre del interlocutor, porque aunque la gente de alrededor se desplome de risa, el afectado tendrá ganas de vomitar.

2. *Huir del cotilleo o evitar los comentarios peyorativos sobre terceros.* Durante las primeras conversaciones, este comportamiento puede inducir a la otra persona a pensar que eres intolerante, irrespetuoso, negativo o desagradable.

3. *Hablar de lo que los hombres hacen o son capaces de hacer*, que es lo que les encanta. *Las mujeres, en cambio, prefieren todo lo que se refiere a sentimientos, relaciones personales y lugares*. El problema surge cuando, en el intento de demostrar interés, uno de los dos hace preguntas sin cesar y no deja que el otro pregunte también; o, por el contrario, habla de sí mismo sin freno pensando que la otra persona está encantada de escuchar.

> Los hombres son unos egoístas que sólo hablan de lo listos que son. Usan el lenguaje únicamente para hacer publicidad de sí mismos. La conversación es un monólogo en el que la palabra principal es *Yo*. ¡Menudo petardo!

> El español es un lenguaje muy rico, y eso le viene muy bien a las españolas. La mujer siempre tiene que decir la última palabra; pero si tú no te das cuenta y añades una palabra más, le estás dando permiso para echar mano de este idioma tan rico con el que ya nunca terminará de matizarte con profusión de vocablos diferentes cómo se siente, lo que le gusta o disgusta y lo que es peor: lo mucho que sufrió en sus anteriores relaciones.

La falta de equilibrio en la conversación deja a una de las personas fuera de combate. En general, cuando uno habla demasiado es porque el otro interroga sin descanso, a pesar de que ambos deseen conocer y ser conocidos al mismo tiempo. Entre las múltiples razones por las que una persona se dedica a preguntar, cabe destacar las siguientes:

— Cree que es más educado interesarse y escuchar.
— Es tímido/a y prefiere que sea otro el que lleve el peso de la conversación.
— Ha intentado interrumpir varias veces y no ha funcionado.

— Piensa que a la otra persona le gusta hablar de sí misma, y terminará enamorándose de quien sepa escucharla. Es muy importante tener en cuenta que cuando alguien habla demasiado de sí mismo para darse boato, termina enamorándose de lo que dice más que de la persona a quien se lo dice.

4. *Utilizar temas de conversación poco comprometidos*, entre los que destacan: el deporte, los sucesos, los acontecimientos culturales, los *hobbies*, los viajes y las relaciones personales. Todos ellos favorecen el intercambio de información para conocer mejor a la otra persona, pero al mismo tiempo le permiten elegir el nivel de intimidad que desea mantener durante la conversación. Es recomendable prescindir de argumentos políticos a no ser que la mujer los inicie. Asimismo, conviene ser cauto con los chistes. Aunque, en general, los chistes oportunos son bien acogidos, no es aconsejable contarlos sin tregua, medida ni control. Es muy mala idea hacerse el *gracioso* todo el tiempo. El oyente suele impacientarse con las continuas majaderías de una sola persona que no sabe callarse ni deja el turno a los demás.

5. *Hacer preguntas abiertas para evitar un forzoso Sí o No como respuesta*. Un buen sistema de conseguirlo es eludir las que comienzan por «¿Quieres?», «¿Con quién?» y «¿Dónde?», entre otras, y utilizar las que empiezan por «¿Cómo?», «¿Por qué?» y «¿Qué opinas?». Estas últimas permiten a la otra persona hablar de sí misma con mayor facilidad, aunque no garantizan que la conversación termine siendo tan picante como la del siguiente testimonio:

> Me habían dicho que era bueno hablar de deportes con las mujeres, porque, al parecer, todas caen a tus pies si eres capaz de obtener buenas calificaciones en los campeonatos. Así que empecé a

jactarme de haber participado esa misma mañana en un torneo de golf.

—¿Cómo te ha ido? —me preguntó.

—He quedado el tercero.

—Ah, entonces no has ganado —dijo con una mueca.

—No —contesté.

—Ya veo. Y dime, ¿hay algo que puedas hacer mejor?

6. *Cambiar de tema con urgencia cuando se observe un gesto de bloqueo visual en la otra persona*, es decir, cuando, al parpadear, cierre los ojos más tiempo de lo normal. Se trata de un recurso inconsciente de defensa, por lo que, al advertirlo en otra persona, sabremos que el hilo de la conversación le angustia, le cansa o le irrita.

7. *No hablar de problemas íntimos o profundos* en una conversación ligera, en la que dos personas hasta ese momento desconocidas intentan gustarse mutuamente. Hay que evitar, por tanto, temas como el peso de la soledad, los múltiples disgustos que han acarreado las relaciones anteriores y las enfermedades graves que se han padecido, entre otros. Cuando compartimos con un desconocido nuestras más íntimas necesidades o inquietudes, le incitamos a que piense lo siguiente: «Me está pidiendo ayuda.» «Tantos problemas sin resolver sólo afectan a una persona problemática.» «Si habla tanto de un "ex", es porque todavía le tiene sorbido el seso.» Si no es un terapeuta o un buen amigo, se sentirá violento y no sabrá cómo responder.

En las primeras conversaciones conviene concentrarse en una sola cosa: divertirse. Divertirse mucho; cuanto más, mejor.

8. *Evitar la risa histérica, los movimientos exagerados, la crispación o la cháchara vertiginosa.* Ocurre cuando los nervios se desbocan y terminan por contaminar a todo hijo de vecino. Si la tensión aflora, cuenta mentalmente hasta diez mientras respiras con calma y los músculos se relajan poco a poco. Una

vez transcurrido este tiempo, resulta más fácil actuar sin alboroto. El silencio que lógicamente se ha producido es más gratificante que el cacareo sin freno.

9. *No responder siempre dando más información de la que se ha solicitado*, aunque sea un recurso que facilita la continuidad de la conversación. Asimismo, conviene evitar frases desafortunadas como «Te invito a lo que quieras, encanto, incluso a mi apartamento.»

10. *Esquivar durante la conversación determinados recursos del lenguaje*, entre los que cabe destacar:

- El piropo burlón con el que se muere de risa todo el mundo excepto la persona a quien se dirige: «Anda, niña, que tienes los ojos más rasgaos y más negros que mis calzoncillos.»
- El lenguaje complicado, latinajos y extranjerismos. Por ejemplo, «Hablar contigo ha sido todo un *steeple chase*». «Este sitio me produce *surmenage*.»
- Los tópicos, a no ser que pretendas impugnarlos con argumentos originales que provoquen una discusión divertida.
- Los datos violentos o morbosos.
- La mención de citas textuales, reseñas o personajes poco conocidos. En una conversación que pretende ser ligera conviene olvidar las sentencias que disparan algunos intelectuales para hacerse los graciosos: «Ya dijo Gloria Steinem en 1944, nada menos, que una mujer sin un hombre es como un pez sin bicicleta.» Ante semejante monserga, el interlocutor puede huir a toda prisa.

11. *No criticar abiertamente el gusto o las costumbres de la otra persona*. Si se descarga un comentario mordaz contra el vestido, el color de la corbata, o el tamaño de las joyas, se corre el riesgo de recibir un buen corte:

—Vaya pendientes, tía. ¡Les falta el loro!
—Entonces, súbete.

12. *No hacer alusiones al potencial sexual bajo ningún concepto.* Una cosa es hablar de sexo y otra, muy distinta, tratar al interlocutor como un objeto sexual.

PIROPOS Y CUMPLIDOS

Los piropos se utilizan en España desde tiempo inmemorial para destacar con gracejo la capacidad de atracción de la mujer. Hay piropos callejeros, en los que predomina la ordinariez, la zafiedad o la grosería: «¡Niñaaa!, ¡no menees tanto el culo, que se te marea la caca!»... y piropos simpáticos, menos abundantes y bastante más estereotipados que los anteriores.

La forma de lisonjear a una mujer, la ocasión en que se hace, y el tono que se emplea pueden provocar reacciones de acercamiento o huida; de ahí que sea importante conocer cómo interpretan las mujeres un cumplido y qué tipo de halago es más eficaz.

Reglas para elogiar con acierto a una mujer

1. *Las alabanzas han de ceñirse a la realidad.* Si los ojos de la chica tienen más pinta de charco turbio que de agua cristalina, seguro que ella lo sabe mejor que nadie, por lo que una alabanza que haga referencia al brillo de sus ojos será recibida como una broma de mal gusto. No es buena idea romper el hielo con un piropo cuando no hay argumentos tangibles para una terneza. En este caso, es mejor olvidarse de lisonjas y cambiar

de tema. El tributo exagerado o poco sincero incomoda a la oyente y la pone en guardia.

—¿Me das un poco de ese brío que te sobra, monumento?
—No acostumbro a dar limosnas.

2. *Los piropos que más gustan son los personales e intransferibles.* Los de mayor éxito suelen estribar en observaciones sobre algo en lo que ella ha puesto mucho interés, esfuerzo, creatividad, o tiempo. Si se dice «Llevas un bonito vestido», el elogio se lo lleva el vestido, pero si se cambia por «Estás muy guapa con ese vestido», el mérito es de la mujer.

3. *El comentario debe referirse exclusivamente al resultado obtenido por ella y no a cuánto dinero le ha costado el asunto en cuestión*: «¡Qué bonito apartamento! Se nota que estás forrada.» La segunda parte de este elogio estropea la primera.

4. *Los adjetivos que se elijan tienen que enaltecer el cumplido*, con objeto de hacer que ella se sienta más especial, atractiva o interesante que nadie. Por ejemplo, en lugar de decir «Tienes una bonita voz», es mejor exclamar «¡Tienes una voz *tan* bonita!» Las palabras *tan*, *muy*, *realmente* e *increíblemente* hacen magnánimo el tributo.

5. *El exceso de agasajo puede producir un corte en la conversación.* «Cuando bailas tienes más sal que el Pacífico, morena.» En ocasiones las mujeres se abruman con el elogio y no saben responder más que con un simple «Gracias» o «Me parece que exageras». Luego, se acaba la conversación. Para evitarlo conviene continuar el cumplido con una pregunta, por ejemplo: «¿Dónde has aprendido a bailar así?»

Reglas para elogiar con acierto a un hombre

1. *Los hombres suelen incomodarse con los elogios sobre su físico o atuendo*: «¡Caramba! ¡Es la primera vez que veo una estatua andando!»

2. *En los primeros contactos, la mejor forma de piropear a un hombre es ensalzando indirectamente lo que piensa, hace, decide o consigue.* El halago indirecto se produce cuando la mujer logra transmitir lo feliz que *ella* se siente con tales facultades varoniles.

Elogio directo	*Elogio indirecto*
Eres muy inteligente. (ÉL ya lo sabe o no lo cree.)	Lo que acabas de decir me parece muy interesante. (No estaba previsto que ELLA lo notara, y le gusta, ¡le encanta oírlo!)
¡Vaya coche!	Me encanta tu coche.
Eres muy gracioso.	Lo estoy pasando estupendamente contigo.

El hombre asume el riesgo de acercarse a la mujer, intenta impresionarla y agasajarla, por tanto, *le gusta oír que ella aprecia sus esfuerzos.* Si deciden ir al cine y él eligió la película, prefiere que ella diga «¡Cuánto me ha gustado esta película!» (cumplido indirecto), a «Se nota que entiendes mucho de cine» (cumplido directo). Si le regala una flor quiere un «Me encantan las flores. Gracias» antes que «Eres todo un caballero». En las primeras citas, los piropos directos funcionan mejor con las mujeres que con los hombres.

3. *Los hombres prefieren los elogios específicos*, que contienen una información referida a un aspecto demostrable y concreto, por ejemplo «me sorprende lo bien que has resuelto el asunto X» en lugar de «eres muy listo». Este último halago resulta demasiado amplio y poco creíble.

4. *Conviene evitar el piropo al que sigue una demanda*, por ejemplo «tú, que eres tan inteligente, ¿por qué no me ayudas a resolver este asunto?». Esta actitud es característica de las personas manipuladoras y suele poner al oyente en guardia.

5. *En ocasiones no es necesario emplear un elogio rotundo*. Muchas veces la vanidad masculina queda sobradamente recompensada cuando la persona con quien habla presta atención, muestra interés por lo que dice, hace preguntas, le mira con admiración, etc.

DIFERENCIA ENTRE SEDUCIR MUCHO Y SEDUCIR BIEN

El hombre que se porta como un ligón oficial y la mujer que exhala sexualidad y provocación saben impactar al sexo opuesto con una especie de bala mágica que despierta su instinto, deseo e interés; pero, al mismo tiempo, suelen gozar de mala reputación entre las personas de su mismo sexo.

La mujer que fuerza su exuberancia, se viste de una forma llamativa y además tiene mucho éxito con los hombres recibe de ellos alguno de los calificativos siguientes: *sexy, atractiva, una mujer muy mujer, única y «está bueniíísima»*. Pero sus congéneres la tildan de *vulgar, bruja, pingo, interesada* y un sinfín de atributos más. El hombre ligón y mujeriego es considerado *inteligente, guapo y educado* por el sector femenino, mientras sus camaradas masculinos le nombran *vago, inútil y cuentista.* Por este motivo, el colmo de la seducción se halla en la capacidad para hipnotizar tanto a hombres como a mujeres con igual intensidad y poniendo en ello el mismo entusiasmo. Aunque no abundan las personas que lo consiguen, algunas hay, y en ellas coincide una misma habilidad: *hacen que en su presencia cualquier persona se sienta importante, atractiva e interesante, independientemente de su condición sexual, física o social.* En lugar de irradiar un «Aquí estoy yo; soy estupendo; tienes suerte de estar conmigo», proyectan el contrario, «Eres estupendo y me encanta estar contigo».

SEGUNDA PARTE

Del flechazo al amor

V. La física y la química del flechazo

Si nos atenemos a los comentarios que hace la gente, podemos deducir que el *flechazo* tiene mil caras distintas. A unos les hipoteca el pensamiento, a otros el comportamiento. Hay quienes lo asocian con buen sexo, mejor sexo, fantástica armonía, maravillosa amistad o todo junto al mismo tiempo. La señal mágica de Cupido muerde a cada persona y alboroza su ánimo de diversas maneras. Una explica: «Me tuvo toda la noche tronchada de risa»; otra: «Deseé que se quitara la ropa a toda velocidad»; hay quien argumenta: «Soportó mi rollo sin poner mala cara», o también «Simplemente pasó y no me preguntes por qué». Las versiones pueden ser de tipo apasionado como «Desde que le vi, supe que ya no podría vivir sin él», o también de talante desesperado, en cuyo caso la frase es exactamente la misma, pero con tentativa de suicidio incorporada.

Con esta información tan variopinta resulta arduo dar una explicación convincente sobre el flechazo. Sin embargo, tal aclaración existe y tiene mucha relación con la palabra *química*.

¿QUÉ RELACIÓN TIENE LA QUÍMICA CON EL FLECHAZO?[1]

Desde hace unos años el mundo de la bioquímica y de la psiquiatría se han unido para investigar a fondo las causas de

[1] P. Hodson, *Cosmopolitan Guide to Love, Sex & Relationships*, Headline Book Publishing, Londres, 1997.

nuestro extraño comportamiento cuando entramos en trance amoroso, y también para averiguar qué sustancias químicas segregamos al hacerlo. Se ha descubierto que mientras el lado *consciente* actúa diciendo cosas como «No sé lo que me pasa, pero estoy medio alelao», en el campo *físico* se desata una feroz batalla microscópica, en la que intervienen a la vez una hipófisis que se inunda de albúmina, un enredo de hormonas, un torneo de neurotransmisores, serotonina, feromonas, endorfinas y demás elementos de nombre impronunciable.

Según estos científicos, el romanticismo desempeña un papel nimio al lado del instinto físico y animal. Al parecer, somos una especie de siervos que nada podemos hacer contra la fuerza de la feniletilamina o C8H11N, el nombre de Cupido en versión bioquímica. Gracias a las investigaciones cabe concluir que el ardor masculino se dirige con especial puntería a la mujer que está en la cima de su fertilidad, es decir, ovulando. Al parecer, los hombres poseen un mecanismo olfativo de alta precisión, a través del cual son capaces de detectar esencias femeninas, secretas, muy relacionadas con la segregación abundante de estrógenos durante la ovulación. Éste es el momento en el que la mujer está más receptiva a los avances del hombre. El ciclo menstrual impulsa y dispara su libido, e incluso se ha descubierto que las chicas exhiben atuendo y movimientos más provocativos y sensuales cuando están ovulando, y que, sin embargo, moderan el reclamo durante el resto del mes.

Una vez que el aroma de los estrógenos ha embriagado al caballero, éste inspecciona los estímulos visuales y auditivos que la mujer le ofrece mientras ovula; lo cual incluye pupilas dilatadas, ojos brillantes, labios prominentes y voz susurrante, determinado tipo de movimientos, etc. En centésimas de segundo el hombre descodifica esta información mientras padece un ataque de adrenalina que le colapsa el raciocinio obligándole a pensar en una sola cosa: cómo aproximarse a esa mujer. Al mismo tiempo, su nivel de testosterona aumenta y le da un aspecto viril y seductor; la dopamina acelera su riego sanguíneo y el nivel de serotonina cae, lo que le ayuda a desinhibirse y a desear sexualmente a la mujer.

Justo en este momento actúa el Cupido de la química, es decir, la *feniletilamina*, causante de todas esas sensaciones que nuestro lado *consciente* describe cuando nos ataca la flecha del amor: los calambres en el estómago, el temblor de piernas, el estado de euforia o de radiante y loca algarabía. La C8H11N o feniletilamina es una sustancia muy importante que también se encuentra en el chocolate, las rosas, las fresas y demás exquisiteces de condición afrodisíaca.

Todo lo anterior ratifica que el despertar de la pasión es un fenómeno preciso, natural e independiente de la voluntad del individuo. Si esto es verdad, parece increíble que haya tantos manuales de instrucciones para no equivocarse y hacerlo bien. Quizá los científicos hayan estimado en demasía el apetito sexual, desdeñando el equipaje psicológico que nos hace elegir a una persona en lugar de otra, esté ovulando o no.

El ocaso del hechizo

Los efectos de la C8H11N tienen una duración limitada a dos años aproximadamente. Aunque algunos adictos al frenesí que produce el flechazo lo lamentan, lo cierto es que la agonía de la C8H11N permite encontrar el sosiego, el calor y la seguridad necesarios para profundizar en una relación, hacerla más estable, madura y duradera. El exterminio del Cupido químico corre a cargo de las endorfinas, que anestesian el alboroto inicial de la pasión y permiten la entrada de conceptos como comprensión, amistad, inteligencia, estabilidad, etc., en la unión de la pareja.

En términos prácticos esto quiere decir que ambos consiguen seguir juntos, aunque el hombre no soporte dormir con la ventana cerrada y la mujer no pueda hacerlo con la ventana abierta.

Al parecer, el efecto de las endorfinas también tiene una duración limitada de entre cinco y diez años, instante en que el ciclo se inicia de nuevo. Algunas parejas rompen en este momento y se precipitan a la búsqueda de un nuevo flechazo. Las que siguen unidas pueden renovar viejas pasiones, solidificando así el equilibrio y la duración de su enlace.

En cualquier caso, la bioquímica interna funciona mejor durante la juventud. La Madre Naturaleza quiere que traigamos niños al mundo, y en cuestiones de amor ofrece los mejores recursos en el periodo más apto para la procreación.

LA DINÁMICA DEL DESEO

Los seres humanos sienten la instintiva y básica necesidad de perpetuar la especie, y durante siglos éste ha sido el principal motivo del encuentro amoroso. El emparejamiento moderno, en cambio, es fruto de nuevas formas de conducta y presenta matices insólitos hasta la fecha. Hoy el chico y la chica se unen por el simple placer de estar o vivir juntos, y a veces la procreación no forma parte de sus planes. La mujer actual tiene capacidad y formación para cuidar de sí misma, y, al contrario de lo que ocurría antaño, su elección de compañero ya no se ciñe a las habilidades que éste demuestre para mantenerla tanto a ella como a su prole.

Sin embargo, todavía existe un factor que la historia no ha modificado: la diferencia de ritmo, intenciones y necesidades que el hombre y la mujer exhiben cuando inician el lance amoroso.

El ritmo del hombre

En general, la pasión masculina surge y desaparece rápidamente, como una cerilla que se enciende y luego se apaga sin dejar rastro. Cuando el hombre conoce a una mujer, puede sentir un repentino y apasionado deseo de estar con ella, de besarla o tocarla. Ella pulsa en el interior masculino una especie de resorte físico, sexual y casi mecánico que le precipita a hacer cualquier cosa para impresionarla y atraerla. En momentos así, al hombre no le importa demasiado el tipo de carácter o inteligencia que ella posee; en la atracción inicial tiende a imaginar un vínculo entre el cuerpo de la mujer y su respuesta sexual correspondiente.

Muchos hombres atribuyen al interés sexual el motivo por el que se unieron con su pareja, pero, al mismo tiempo, tal fundamento es el menos reflexivo y mental de todos y, por tanto, el más volátil. Cuando, embriagado por el flechazo, consigue seducir a la mujer con rapidez guiándose sólo por el físico que ella exhibe, puede que todo su interés y pasión se disipen enseguida, como el humo que deja la cerilla al apagarse. Algunos hombres, tras el rápido intercambio de pasiones con una mujer, sufren lo que los expertos llaman *síndrome de la mañana siguiente*, por el que ya no les interesa continuar al lado de esa persona ni les apetece conocerla mejor.

El ritmo de la mujer

> Los hombres son muy dados a las mudanzas sentimentales; suelen cambiar de pareja sin grandes problemas, e incluso pueden estrenar una nueva relación cuando todavía no han dejado la última... Las mujeres somos mejores en eso de sentirnos fatal si el romance no va bien. Cuando rompemos con el novio, tenemos que contárselo enseguida a todas nuestras amigas y a nuestra madre. Llora-

mos un montón y pensamos que nadie nos querrá nunca jamás. Tardamos en reponernos un año como mínimo.

El compás femenino suele ser más lento, calculador, y su orden de prioridades diferente. Cuando ella conoce a un hombre, el muelle interno que se pone en acción no es de tipo sexual, sino sentimental, romántico y mental. El cuerpo masculino puede captar su atención, pero, en general, el interés de la mujer se centra en la personalidad de ese sujeto, en su inteligencia, en lo que es capaz de ofrecer en el terreno emocional (y a veces material).

> A menudo la oportunidad de oro llama a tu puerta; pero si tardas un poco en quitar la cadena de seguridad, descorrer varios pestillos y desconectar la alarma, cuando por fin abres la puerta ya no hay nadie al otro lado.

El descubrimiento de las características internas es más lento que el del aspecto exterior; por tanto, la mayoría de las mujeres se toman un tiempo para explorar lo que de verdad les interesa del hombre: cómo es su temperamento, lo que hace con su vida, y su capacidad para entregar amistad, comprensión, devoción y amor. Cuando tales facetas consiguen deslumbrarla, entonces puede encenderse la llama del deseo sexual, que generalmente coincide con el primer beso.

La mayoría de las mujeres tiene impreso en la mente y el espíritu que el juego sexual es mejor cuando se practica con alguien a quien se quiere. No es el sexo, sino el amante quien les proporciona placer. Aunque para muchas féminas amor y deseo son complementarios e inseparables, también existen las mujeres que disfrutan del arrebato erótico con un individuo del que no pretenden enamorarse, si bien esta conducta no es la más extendida.

LA MUJER QUE OFRECE SEXO PARA OBTENER AMOR

Algunas mujeres sedientas de afecto cometen el error de utilizar el sexo como vehículo para lograr la aprobación, afirmación y compañía de otro ser humano. Este comportamiento adquiere especial relevancia durante las primeras citas, donde la otra persona es todavía desconocida y se pretende recibir de ella un compromiso afectivo y duradero mediante la estimulación de su instinto sexual. El juego erótico es un pasatiempo agradable que ofrece múltiples momentos de placer, produce alegría, exaltación; en muchos casos actúa como imán y favorece la atracción; pero jamás garantiza la donación total de la otra persona.

> Le conocí en una fiesta y al día siguiente me llamó para cenar. Me preparé bien, ya sabes, baño de espuma, lencería fina y una gotas de perfume en puntos estratégicos. «¿Dónde podemos comer?», me preguntó. «Si te parece, podríamos tomar algo aquí», dije yo... En el dormitorio, empezó a desvestirme... Después de hacerlo fui al baño, y al regresar vi que él se estaba vistiendo para marcharse. «¿No te quedas?», dije. No podía; tenía que irse. Fue la primera vez en toda la noche que tuve la sensación de que no le volvería a ver. Pregunté: «¿Me llamarás otro día?» Han pasado cuatro meses desde entonces y no he vuelto a saber nada de él.

La revolución sexual insiste en explicar a las mujeres que si el sexo es divertido para los hombres, también debe serlo para ellas. Sin embargo, pocas mujeres consiguen pasarlo en grande al retozar con un desconocido *del que esperan obtener algo que va más allá del simple juego erótico*. Pocas mujeres se sienten bien a la mañana siguiente, cuando el hombre desaparece y no saben si algún día le verán de nuevo. Casi ninguna mujer festeja la cópula sin romanticismo, sin esa embriagadora sensación que induce a los amantes a encontrarse a sí mismos a través de la otra persona; que fomenta la admiración y respeto mutuo y que incita a desear la compañía del otro durante un tiempo prolongado.

> En la época de mi abuela estaba mal visto que a una mujer le gustara el sexo; hoy está mal visto que no te guste a todas horas. Ambas posturas te hacen pensar que eres distinta a los demás, y que no lo haces como debe ser. Ambas posturas te obligan a fingir para no sentirte culpable. Creo que lo que se lleva hoy día es tan malo como lo de antaño: me parece igual de horrible que te sientas *forzada* a hacerlo, sólo porque está de moda demostrar constantemente que no eres frígida.

En general, la mujer necesita trabajar el aspecto emocional antes que el físico; su orden de prioridades comienza por la palabra *comunicación*, continúa con la palabra *compromiso* y finaliza con el término *sexo*.

Cuando la cama precede al diálogo

¿Por qué en las primeras citas, algunas mujeres se dedican a fantasear sobre las maravillosas consecuencias que el sexo aportará en su vida? ¿Por qué no se molestan en hablar, preguntar y averiguar si el hombre anhela lo mismo que ellas, o tiene previsto algo diferente? ¿Por qué cierran los ojos, aprietan los labios y esperan que todo salga bien sin tener una sola prueba que lo confirme?

La solución a estas dudas queda patente en el testimonio que viene a continuación:

> *Pregunta*: ¿Cómo es posible que, después de haberte acostado tres veces con él, no le hayas preguntado si tiene novia?

Respuesta: Porque me aterra que me diga que la tiene.
Pregunta: Pero... ¿cómo puedes soportar la duda?
Respuesta: Porque mientras la duda esté en mi cabeza, tengo esperanza e ilusión. Pero si me confirma que tiene novia, ya no hay esperanza que valga. Prefiero no saberlo, de verdad. Me sentiré humillada y sola.

A veces es tan intensa la necesidad de estar conectada a otro ser humano, de tocarle o de sentir que está cerca, que imaginar un rechazo o prever un súbito final produce excesivo miedo y causa dolor. Para evitarlo, puede que la mujer decida volverse ciega y sorda. Se embarca en un intercambio sexual buscando compañía sin aclarar lo que hace ni por qué lo hace antes de hacerlo. Decide no pensar, no establece acuerdos, no explica lo que significa el sexo para ella, ni pregunta qué representa el sexo para él. No desea saber a qué tiene que atenerse. Prefiere disfrutar de una ilusión antes que confirmar una realidad. Simplemente se instala en una aventura y espera que haya suerte.

No me atrevo a decir «no»

Aunque la palabra NO es una de las más cortas en todos los idiomas, resulta curioso que a veces sea tan complicado pronunciarla. En las primeras citas, sin embargo, la mujer debe tener muy claras las razones por las que debe decir NO al lance sexual del hombre. Aunque hay mujeres que disfrutan de un intercambio sexual ocasional y espontáneo, la mayoría prefiere sentirse segura de la persona que comparte su dormitorio. Para pronunciar un NO a tiempo, conviene que la mujer escuche su voz interna y actúe según le dicta su intuición al plantearse las siguientes preguntas:

— ¿Quiero parecerme a este hombre? Si la respuesta es NO, no debo dormir con él.

— ¿Tengo la certeza de que no me va a contagiar ninguna enfermedad de transmisión sexual? Y si me la contagia, ¿tengo previsto qué debo hacer?

— Cuando he mostrado mis dudas, ¿ha insistido en presionarme?, ¿me ha tranquilizado?

— ¿Me apetece probar a qué sabe?

— ¿Hay algo en él que me gustaría que fuese distinto? Si la respuesta no está clara, pero intuyo algo negativo, es mejor que me tome un tiempo para confirmar mis sospechas.

— ¿He tenido ocasión de comunicarle todo lo que para mí es importante? ¿Estoy segura de que lo va a respetar?

— ¿Quiero que un hijo mío se parezca a este hombre?

— ¿Confío en él? ¿Estoy segura de que me tratará bien cuando las cosas no salgan como él quiere? ¿Me ayudará cuando surja algún problema? ¿Tengo alguna prueba que me confirme lo anterior?

— ¿Cómo voy a sentirme mañana si desaparece de mi vista y no vuelvo a saber más de él?

LA RELACIÓN SEXUAL ESPONTÁNEA Y OCASIONAL NO RESUELVE LO SIGUIENTE:
—Ya estoy harta de salir por ahí para ver si encuentro a alguien que me quiera. Ahora voy a comprobar si lo consigo por las bravas. —Todas mis amigas tienen pareja. No quiero ser distinta. —Tengo 39 años, y no me puedo permitir esperar más tiempo para tener un hijo. —Necesito comprobar que alguien me quiere, que merezco la pena.

Diferentes intenciones

> Los chicos y las chicas hablan idiomas distintos. Si él pregunta: «¿Qué vas a hacer luego?» ella entiende: «Me gustaría invitarte a cenar», pero él está pensando: «Me gustaría acostarme contigo.»

De forma instintiva la mayoría de las mujeres buscan en el flechazo un proyecto de futuro, una unión a largo plazo. Sueñan con el emparejamiento romántico y duradero y esperan el compromiso masculino que garantice la continuidad de la relación. Los hombres, mientras tanto, se concentran en tener mucho éxito durante la aproximación... y luego ya se verá.

En el inicio de la relación la mujer suele ambicionar la satisfacción de sus sentimientos, él la de su instinto sexual. Ella busca un amor, él una aventura. La mujer ansía comprensión; el hombre independencia y autonomía. Ella tenderá a recordar el primer beso; él puede olvidar enseguida el último. Ella busca emociones, él acción. La principal fantasía de juventud masculina es, en la mayoría de los casos, el acceso sexual a un montón de mujeres atractivas. Ella, en cambio, suele anhelar una relación monógama e ideal. Por tanto, el compromiso firme de una pareja implica la renuncia del hombre a su sueño de mocedad y el éxito de la mujer en el logro del suyo.

Distintos anhelos

En el encuentro cada sexo aporta un equipaje de necesidades específicas que pretenden abastecer con la pareja elegida. En general, las mujeres demandan apoyo, alimento y sosiego emocional, mientras la mayoría de los hombres precisan que se les reconozca lo que valen y se les estimule a ser mejores todavía. Los múltiples detalles del ritual de cortejo sirven, entre otras cosas, para demostrar la capacidad de cada uno para satisfacer las necesidades del otro. Por ejemplo, cuando el hombre regala flores a la mujer, lo hace para exteriorizar que la considera especial y desea agasajarla; de esta forma ella puede ir intuyendo que ese individuo, con el tiempo, estará dispuesto a apoyar, entender y cuidar sus íntimos deseos. Del mismo modo, cuando la mujer se muestra entusiasmada y receptiva a los planes que él propone, le está demostrando que aprecia su valía, generosidad, inteligencia, capacidad, humor y valentía, entre otros valores. Cuando se les pregunta a las mujeres qué temen más en la relación de pareja, suelen contestar que los malos tratos; sin embargo, una respuesta habitual en el hombre es que se burlen de ellos.

Aunque hombres y mujeres tenemos necesidades distintas, éstas se complementan perfectamente. La postura de la mujer tiende a ser receptiva y, en general, se siente triste y defraudada cuando tiene que llevar en solitario el peso de sus emociones. El hombre, por el contrario, suele preferir la condición de *proveedor.* Una de las mayores frustraciones masculinas se produce cuando no encuentra a alguien que necesite lo que tiene para ofrecer. Se enorgullece de poder solucionar sus propios problemas y los de otros; y cuanto más le solicita una mujer, más contento se pone consigo mismo y con ella. Esto no significa que los hombres sucumban ante las mujeres *con múltiples necesidades*, sino sólo con las que le necesitan a él.

> Las mujeres somos muy competentes en eso de escuchar todo tipo de problemas. A los hombres, en cambio, sólo les interesan los problemas que creen que pueden solucionar.

¿EXISTE EL AMOR A PRIMERA VISTA?

Parece que este tópico no es un camelo y que ha funcionado en algunos casos en los que la pareja logra vivir junta y feliz durante muchos años. Los afectados aseguran que al cruzar miradas con un desconocido, *instantáneamente* sintieron un «no sé qué» prodigioso, una especie de quintaesencia fulminante que les quitó el sentido, y entonces supieron que ya nunca volverían a recuperarlo si no era en compañía de ese desconocido. Lo difícil en esta situación es coincidir en el arrebato y, sobre todo, lograr que la unión de ambos se prolongue en el tiempo.

Nadie explica con exactitud el porqué de este fantástico y recíproco fenómeno, pero el amor a primera vista suele ocurrir cuando los amantes se ajustan al *patrón* que cada uno tiene de su pareja *ideal*. De acuerdo con los expertos, los seres humanos buscamos el afecto de alguien que comparta algún rasgo fundamental con uno de nuestros padres; pero al mismo tiempo, el elegido debe ser capaz de liberar o nutrir el lado oculto, no resuelto, hambriento y oscuro de nuestra naturaleza.

EL AMOR SIN FLECHAZO

Aunque en la unión de una pareja la atracción física suele preceder a la mental o espiritual, algunas veces el orden de los factores se invierte, y el impulso erótico aparece en último lugar. Los lazos que vinculan a la pareja tienen como base la amistad y la comprensión mutua; en la sincronía de pensamientos, los juicios de valor y las creencias; en la coincidencia de sentimientos y emociones. Con el paso del tiempo, ambas personas descubren su compatibilidad, y, lo que es más importante, comprueban que la compañía de otra persona logra extraer lo mejor de ambos. Su proximidad hace que cada uno se sienta válido y útil. Cuando la pareja ha logrado este escenario puede surgir la pasión erótica, y se inicia de este modo una relación con grandes esperanzas de futuro.

Los expertos aseguran que la relación que comienza con una sólida amistad tiene más probabilidades de éxito que aquella surgida del idilio erótico o sexual, cuya base está constituida por una experiencia impulsiva, superficial, en la que sólo se conoce el «brillo externo» del elegido. Sin embargo, la unión que emerge de forma pausada y reflexiva se presta al descubrimiento de compatibilidades mutuas y se fundamenta en la atracción *total* de la pareja. El enlace erótico arranca con ímpetu convulso, pero no avanza más allá de la química ni más acá del amor. El vínculo por amistad, en cambio, despega sin estruendo, lentamente; no conoce maquillajes, joyas, ropa moderna o cuerpos perfectos; quizás no brille con el fulgor del impulso sexual, pero su luz alumbra la parte interna, la columna que sostiene una relación duradera y resistente.

EL PELIGRO DE PEDIR A UN AMIGO QUE SE CONVIERTA EN AMANTE

> Todo se vino abajo, porque, de repente, me pidió que me acostara con él. Para mí fue muy violento tenerle que decir que le consideraba como un amigo. Por lo visto, él se sintió humillado, dijo que yo le había engañado y no sé qué otras cosas más. Nuestra relación no volvió a ser la misma. Con el tiempo dejé de verle.

El testimonio anterior expresa perfectamente lo que ocurre cuando entre una pareja existe conexión mental o emocional; pero, en cambio, la atracción física no es recíproca. La amistad es una relación que se desarrolla como cualquier otra, su crecimiento aumenta o cesa en función del acuerdo o la discrepancia de los miembros que la forman. Las personas suelen poner límites a la intimidad física o mental que desean obtener de sus amigos, por eso la amistad puede interrumpirse de forma inmediata cuando una de las partes no respeta las reglas y pretende conseguir algo que la otra no está dispuesta a dar.

LOS RIESGOS DEL FLECHAZO

Cuando se confunde el verbo gustar *con* amar

Hay quien define el amor como algo que ocurre cuando a una persona le gusta mucho otra. Éstas confunden *gustarse* con *quererse,* porque su relación comenzó con una empatía, generalmente de tipo superficial, que abrió grandes esperanzas de vida en común.

> Él me dijo que yo le gustaba mucho, y yo lo traduje de otra manera. Tenía miedo de quedarme sola, de que nadie me quisiera. Me empeñé en que, en vista de que yo le gustaba tanto, él sería capaz de calmar mis inquietudes con una varita mágica que se llamaba *amor.*

Durante el periodo de cortejo cada miembro de la pareja muestra su lado más brillante, y hace lo posible por epatar a la otra persona ocultando defectos y manías. Es posible que, ilusionados por las apariencias, los enamorados se inunden de expectativas, cuando en realidad no existe una base sólida ni consistente en la que éstas puedan edificarse.

La sintonía inicial constituye un excelente comienzo, pero no garantiza la solidez, la proyección ni la felicidad de la unión. El deseo que suscitamos en otro nos puede ayudar a sentir que merecemos la pena; nos permite soñar, plantear metas; pero, al mismo tiempo, corremos el riesgo de embriagarnos con su aroma, de perder el sentido de la realidad. Así, besamos el suelo que el amado pisa, porque, sin tener pruebas firmes que lo justifiquen, le convertimos en la persona más maravillosa que existe en la faz de la tierra. En tal estado de frenesí celestial el afectado puede obviar que los amigos de su idolatrada y nueva pareja le caen fatal; o que ambos tienen un horario profesional incompatible. Es posible que tampoco perciba las horribles manías de su adorado, ni que éste sea proclive a gritar y regañar; se halle en permanente crisis cultural, su ideología política o religiosa sea opuesta a la suya, etc. Semejante ceguera puede durar un cierto tiempo, pero un día el traje áureo que envolvía al ídolo se esfuma y éste aparece desnudo, tal como es en realidad. El enamorado besa a la rana esperando obtener a su príncipe, y sólo obtiene un repugnante y viscoso sabor en la boca. Donde antes creyó que estaba un ser espléndido, maduro y genial, a cuyo lado había previsto hallar la felicidad, ahora encuentra a un individuo egoísta, infantil y pelmazo.

Naturalmente, no siempre el panorama resulta tan desolador, pero lo cierto es que todas las personas que disfrutan de un flechazo pueden padecer ceguera de *amor* cuando todavía es prematuro utilizar este último término. ¿Cómo prevenirla? Conviene ser realista, advertir que el crecimiento de la atracción puede alimentarse o frenarse si se reconocen a tiempo los defectos de la otra persona y se asume que tales defectos no cambiarán nunca. Hay que saber que el verdadero amor requiere buenas dosis de amistad, renuncia, entrega, comprensión, confianza, seguridad, consistencia y tiempo, mucho tiempo. Por tanto, en periodo de flechazo lo mejor es no llamar *amor* a lo que en realidad es un mero *experimento*, y mientras éste dure, no conviene pensar que la otra persona es *la definitiva* ni tampoco se le debe otorgar un papel que todavía no le corresponde.

El hechizo no siempre es recíproco

El flechazo puede convertirse en martirio cuando la persona X no tiene ni idea del apasionado amor que Y le profesa. Es posible que el amado jamás se entere del ardor que suscita, pero también puede ocurrir que no desee corresponder cuando éste se hace evidente. El grado de tortura para ambas personas dependerá de la manera en que Y sepa aguantar el dolor que produce el desplante, puesto que normalmente la pasión es una inclinación de gran intensidad que arrastra al individuo, domina su voluntad, y le lleva a buscar con ahínco la proximidad del amado.

Las consecuencias de un flechazo no correspondido están muy relacionadas con el grado de *madurez* o *inmadurez afectiva* del enamorado. Si éste es independiente, sabe dosificar sus necesidades de ser querido y querer en la cantidad adecuada, logra tolerar las frustraciones y puede recurrir a mecanismos de defensa que le ayuden a salir airoso del mal trance. Con el tiempo termina desviando su estima hacia otra persona más receptiva. Por el contrario, la persona inválida de afectos o hambrienta de cariño convierte su amor en una *obsesión* imperiosa y vital, ambiciona ser amado más que ninguna otra cosa y todas sus acciones se encaminan a lograr su propósito. Este tipo de individuo, inmaduro y dependiente, puede deformar la realidad interpretando la ignorancia o despego del amado como una vejación que le sume en una angustia latente, compulsiva, y que le induce a *asfixiar* a la otra persona mediante continuas llamadas, exigencias, persecuciones o acoso de cualquier tipo.

El ardor patológico puede transformarse en odio. En casos así el individuo se inunda de deseos de venganza, busca castigar al amado, ofenderle o incluso quitarle la vida. En ocasiones el afectado sólo demanda que se le escuche, como ocurrió con aquel hombre que, tras la persecución, logró dar alcance a la culpable de sus desvelos, la tumbó en el suelo, se sentó sobre su cuerpo y leyó unos poemas de amor que había compuesto para ella. Otras veces la hambruna de cariño hace que interprete erróneamente cualquier frase amable; por ejemplo, ante un «¿Puedo ayudarle en algo?» el afectado oye un «Estoy pendiente de ti porque te amo».

VI. ¿Verdad o mentira? Leyendas de amor

Gran parte de los tópicos que circulan por el mundo acerca del amor no son del todo ciertos ni tampoco están *científicamente demostrados*; por eso, quien inicia una relación confiando en ellos, tarde o temprano acaba comprobando su error con desilusión. En cambio, otros mitos se acercan a la verdad, como, por ejemplo, el que asegura que el amor a primera vista existe, o que la mejor unión es aquella en la que se da tanto como se recibe. En cualquier caso, entre las leyendas de amor más conocidas cabe destacar las siguientes:

1. Sólo hay un amor perfecto: el amor platónico.
2. Cuando te casas con una persona, te casas con su familia
3. Los polos opuestos se atraen.
4. El amor es ciego.
5. El amor lo cura todo.
6. El amor auténtico es aquel en el que entregas todo sin esperar nada a cambio.
7. Cuando hay amor sobran las palabras.

LEYENDA Nº 1. SÓLO HAY UN AMOR PERFECTO: EL AMOR PLATÓNICO

Recuerdo muy bien a mi amor platónico. Tendría yo unos doce años, la cara llena de granos y voz de niño pequeño, cuando me enamoré de Margarita Castro. Ella poseía todas las cualidades que la hacían única como novia: tenía treinta años, el pelo rubio y largo, olía muy bien, y, además, era mi profesora de dibujo. Su aspecto angelical hacía que se me parase el corazón cada vez que se acercaba a mi pupitre. En aquellos días imaginaba que Margarita Castro era la mujer más perfecta del mundo entero, y quería casarme con ella cuando fuese mayor.

La imagen del amor platónico suele surgir durante la pubertad, se perfila a lo largo de la adolescencia, y, desde luego, dista mucho de ser el amor perfecto por tratarse de una fantasía que, por lo general, se fundamenta en el aspecto superficial del elegido. Normalmente la quimera se centra en una persona inaccesible, de la que no se perciben defectos, digna de profunda admiración, por quien el enamorado escalaría montañas, cruzaría océanos o realizaría todo tipo de proezas malabares.

Al llegar a la edad adulta, el individuo suele caer del arco iris en el que se había subido, comprende que en realidad *la Margarita Castro* de turno se teñía el pelo y tenía un genio del demonio. Aunque percibe la imagen de amor perfecto como exagerada e irreal, sin embargo, la utiliza como punto de referencia para definir a su pareja idónea; por ejemplo, «Me gustan las rubias de pelo largo que huelen bien». Así, el amor platónico, aunque fantástico e ilusorio, forma parte de la base en la que se apoya el flechazo.

La diferencia entre el amor platónico y el amor perfecto

Ante la pregunta «¿Qué es lo que buscas en el amor?», la gente suele responder mencionando algunos matices del amor platónico que surgió casi en la niñez. Los vocablos que aderezan la réplica pueden hablar de admiración, sinceridad, inteligencia, simpatía, amistad, comprensión, entrega, satisfacción, etc.; pero, en general, todos comparten un mismo objetivo cuyo enunciado parece un jeroglífico verbal: «Busco alguien que me quiera como yo necesito que se me quiera; y que necesite ser querido como yo sé querer.»

Esta forma de entender el amor es idílica y se utiliza para elaborar la descripción mental del compañero perfecto. En ella se otorga al amado la capacidad de satisfacer necesidades importantes, y al mismo tiempo impulsa al individuo a dar lo mejor que tiene para ofrecer. En su diseño intervienen simultáneamente el cariño hacia uno mismo y hacia la otra persona, la receptividad y la entrega, el sosiego y el esfuerzo, entre otros aspectos. Además, se distingue de otros tipos de amor filial, paternal o amistoso en que se condimenta con tres ingredientes fundamentales: glándulas, cabeza y corazón; trío que constituye la base necesaria para que se produzcan los siguientes fenómenos:

— *Atracción física*: vinculada directamente al erotismo y la sexualidad.

— *Atracción mental*: en la que coinciden pensamientos, juicios de valor, y actitud frente a la vida, educación, ambiciones...

— *Atracción emocional*: en ella interviene el mundo de los sentimientos y las habilidades, gustos y necesidades personales.

Rasgos de personalidad esenciales para lograr un amor duradero

Cuando una persona se une a otra no hay más remedio que adaptar sus actitudes, necesidades, proyectos y rasgos de carácter a los de su pareja. Al iniciar una relación sentimental, te sumerges en una aventura donde vas a descubrir la parte interna de tu nuevo amante: lo que le gusta o desagrada, su capacidad laboral, creatividad sexual y anteriores relaciones sentimentales. Asimismo, conoces a sus padres, accedes a una foto en la que aparece siendo niño y te imaginas el escenario de su infancia. Dialogas acerca de sus creencias, valores y actitudes. Aprendes cuál es su plato favorito, su habilidad deportiva, qué es lo que le hace reír o llorar.

Aunque te guste lo que vas descubriendo, aunque tengas suerte y creas haber topado con la horma de tu zapato, siempre habrá momentos en los que no estés de acuerdo con tu pareja. No importa lo tolerante o lo positivo que seas, ni las buenas intenciones que tengas; la vida en común siempre depara situaciones amargas, confrontaciones y discusiones inevitables con las que aprenderás a encontrar nuevas vías de comunicación... Sólo si tu pareja posee los rasgos de personalidad adecuados. Son los siguientes:

Equilibrio psicológico

El equilibrio psicológico permite al individuo estabilizar las emociones y canalizar de forma adecuada las alteraciones que puede sufrir su estado de ánimo. En general, el espíritu de todas las personas oscila entre extremos opuestos: por un lado, está vinculado a todo lo que resulta agradable y produce sensación placentera o eufórica; por otro, va unido a lo desagradable, e induce a sentir depresión y dolor.

Las personas que gozan de equilibrio psicológico reaccionan con moderación y de manera proporcionada ante los estímulos externos, dominan los impulsos, luchan por mejorar una situación adversa, confían en sus propias capacidades, su afectividad es estable y, en general, cumplen tres características:

1. *Poseen el grado justo de sensibilidad.* No actúan de forma exagerada con gritos o lloros desproporcionados, pero son capaces de sentir compasión, vergüenza, tienen conciencia ética...

2. *No pierden el control.* Conocen sus limitaciones y aptitudes, valoran sus capacidades, se enfrentan al contratiempo, intentan solucionarlo sin acudir a vías de escape: drogas, alcohol...

3. *No reprimen la expresión emotiva.* Saben compartir, pedir ayuda u ofrecerla.

Todo ello resulta esencial en la relación de pareja por los motivos siguientes:

— *Permite al individuo ser consciente de lo que siente y de cómo le afecta lo que siente.* En términos prácticos significa que tu pareja sabrá que se ha enamorado de ti y que está muy contento por ello.

— *Logra disfrutar de los sentimientos positivos y solucionar los negativos*, por ejemplo, tu novio desea pasar el resto de su vida a tu lado, pero no cuenta con los medios económicos adecuados. Decide entonces reforzar la intensidad de sus estudios para encontrar un trabajo bien remunerado que le permita compartir su vida contigo sin que en ella intervenga un problema económico.

— *Sabe cómo expresar sus sentimientos y los comparte con su pareja.* Si continuamos con el ejemplo anterior, tu novio te contará sus proyectos para que ambos sepáis a qué ateneros.

Honestidad

> Yo miento únicamente cuando no me siento cómodo diciendo la verdad.

Si acabas de encontrar pareja, presta atención a su capacidad para rendir cuentas acerca de sus actos y obligaciones; fíjate si cumple con sus deberes y asume sus errores, no esconde su pasado, expresa sinceramente su opinión, aunque sepa que no te va a gustar lo que vas a oír.

La honestidad implica responsabilidad, y ésta es un atributo esencial de la madurez de la persona. Toda convivencia estable necesita un poso de confianza mutua que únicamente se consigue si se poseen las siguientes condiciones:

— *Honestidad con uno mismo*. Algunas personas no mienten a los demás, pero tienen una cierta tendencia a engañarse a sí mismas, como ocurre cuando te empeñas en que vas a encontrar un trabajo maravilloso, pero llevas dos años sin hacer el más mínimo esfuerzo por buscarlo; o también cuando insistes en: «Ya sé que mi novio bebe y se droga... ¡Pero es que le quiero tanto!»

— *Honestidad con los demás*. Si tu pareja miente, probablemente lo hace porque tiene miedo, no sabe lidiar con el contratiempo, teme enfrentarse a una reacción adversa, o también porque quiere dominarte, cosa que suele ocurrir cuando te cuenta un montón de aventuras para que te pongas celosa/o y no te despegues de su lado.

Madurez

¡Mírale! ¡Es como un niño!

Quizás te haga mucha gracia cuidar y proteger a un/a niño/a grande, te fascine su espontaneidad y frescura, te embelesen sus ganas de juego y de aventura, te apetezca llevar sus cuentas y resolverle la papeleta. Sin embargo, con toda probabilidad el encantamiento va a durar poco y te cansarás de buscar las cosas que pierde, de pagar las cuentas que deja pendientes, de guiar constantemente sus pasos o de recordarle las citas que ha concertado y a las que no asiste.

Hay gente que se niega a crecer, cuya edad biológica no concuerda con la edad psicológica y que siempre parece comportarse de forma inadecuada e imprevisible. La persona inmadura no cumple con sus compromisos ni está preparada para asumir responsabilidades en el amor, la amistad, el trabajo y la familia. No suele canalizar su experiencia de forma correcta, no ha consolidado una identidad propia, por lo que se apoya en los modelos o ídolos de su adolescencia. La gente inmadura es amiga de los tópicos, no tiene criterio particular ni original, carece de conciencia social, de objetivos concretos. Tiene un conocimiento equívoco o superficial de sí misma, es poco constante, intolerante, inflexible, caprichosa, inestable emocionalmente, con tendencia a los altibajos de ánimo, se enfurece por motivos insignificantes y suele derrumbarse cuando las cosas no salen como había previsto, cosa que ocurre constantemente.

Si tu pareja es inmadura, puedes esperar una convivencia atroz en la que deberás asumir el papel de padre o madre y además tendrás que soportar lo siguiente:

— *No sabrá cuidar de sí misma.* No será capaz de ganar dinero o de gastarlo con mesura, ni mantendrá un estilo de vida ordenado.

— *Pasará de la euforia a la desilusión en breves momentos.* Debido a que no posee una conducta sólida y carece de un sistema de valores realista, la persona inmadura tiende a idealizarlo todo: cómo eres tú, lo que vas a aportar a su vida, lo mucho que podéis divertiros juntos, la cantidad de dinero que tenéis, la cantidad de dinero que podéis gastar...

Su manera de interpretar la vida es caprichosa e *instantánea*, por lo que suele sentirse defraudada cuando comprueba que no se cumple todo lo que desea.

— *Jamás asumirá sus errores.* Te echará la culpa de cualquier situación adversa, incluso de las que ha provocado ella misma.

— *No cumplirá las promesas que hace.* No esperes que llegue a tiempo a una cita, que recuerde los compromisos que ha contraído contigo ni haga caso de lo que le dices o de lo que le pides.

— *No calculará las consecuencias que su comportamiento acarreará en el futuro.* Sentirá intensamente las vivencias del momento, querrá sacarle el máximo partido a lo que tiene entre manos en ese instante y actuará por impulso: «De pronto me apeteció raparme el pelo al cero.» En general, jamás prevé las consecuencias de su conducta ni le importa lo que pueda deparar el futuro.

— *Abandonará cualquier actividad que le exija esfuerzo.* Su fuerza de voluntad es débil y no le permite rendir adecuadamente en el trabajo, ni ayudar en las tareas del hogar, o compartir contigo cualquier tipo de responsabilidad familiar.

— *Necesitará que estés constantemente pendiente de ella.* Te convertirás en el motor de su autoafirmación y no permitirá que tengas una vida privada lejos de su lado, porque no sabe ser independiente ni autónoma/o.

— *Se guiará por las opiniones de los demás.* En las personalidades inmaduras es frecuente advertir una exagerada influencia de las opiniones ajenas. Tu pareja sólo se sentirá segura si hace lo que dicta «su ídolo», la moda, sus padres...

Hace unos años conocí a un tipo que me pidió que cuidara de él como una madre. Así que lo hice. Le di dos bofetadas y le grité: «¡No se dicen tonterías!»

Capacidad para dar y recibir afecto

Algunas personas que necesitan constantes demostraciones de cariño anhelan recibir mucho más de lo que están dispuestas a dar, y suelen emparejarse por impulsos narcisistas, exigentes y desmesurados.

Todo ser humano experimenta un cierto narcisismo durante la infancia. El niño crece y desarrolla su personalidad en función de los frecuentes y habituales mimos de que es objeto. Al llegar a la adolescencia, el joven aprende a despegarse de la atención incondicional de sus progenitores y empieza a relacionarse con personas a las que tiene que conquistar mediante la entrega de afecto y atenciones. Así, comienza a afianzar sus relaciones sociales y sexuales buscando el justo equilibrio entre lo que da y lo que recibe a cambio. Sin embargo, hay jóvenes que no consiguen superar el narcisismo típico de la infancia, y ponen un pie en la edad adulta esperando obtener de su pareja una dedicación absoluta e incondicional.

Este tipo de individuo está convencido de ser *único en el mundo,* exagera cuando habla de sus capacidades y recalca que sus problemas son muy especiales. Cree poseer belleza e inteligencia y alardea de no encontrar gente que esté a su misma altura, por lo que critica y se mofa de todo el mundo. Cuando habla, es exhibicionista, necesita que le escuchen y le admiren. Se relaciona con los demás para darse importancia, se cree con derecho a recibir todo tipo de atenciones sin corresponder de una forma equivalente y tiende a usar a la gente para satisfacer sus propios deseos.

Según los psicólogos, la persona narcisista es en el fondo alguien que posee enormes complejos de inferioridad. Necesita que le admiren para afianzar su inseguridad y su falta de confianza. Se entrega por completo a sus *fantasías* para ocultar la verdad, y tiende a enamorarse de alguien a quien pueda deslumbrar. Por tanto, fíjate en los síntomas que exponemos a continuación, pues te indicarán si te has enamorado de una persona narcisista, a quien crees debérselo todo, y con la que tiendes a colocarte en un lugar inferior:

— Opinas que tu amado es *mucho más* inteligente y válido que tú.

— Cada vez que haces un comentario mencionas su nombre: «Fulano dice...», «Fulano opina...», «Fulano cree...».

— Actúas según los criterios de tu pareja, respondes a sus caprichos con devoción y renuncias a tu personalidad para no eclipsar la de ella.

— Utiliza argumentos que te hacen creer que no estás a su altura; tienes la sensación de que te está haciendo un favor cuando te presta atención.

— Presume constantemente de lo que hace, exige que le hagas caso, que le demuestres admiración, pero en cambio no se interesa por lo que haces tú, lo desprecia, o no le da importancia.

Cuando te enamoras, es normal que veas a tu pareja como el ser más formidable que existe en la faz de la tierra; sin embargo, es de suma importancia que esa persona te haga sentir algo similar: a su lado debes notarte más atractivo/a, ocurrente y mejor que antes. Te enamoras de alguien maravilloso que a la vez te permite ser maravilloso, hace que te sientas orgulloso/a de lo que eres y de lo que haces.

LEYENDA Nº 2. CUANDO TE CASAS CON UNA PERSONA, TE CASAS CON SU FAMILIA

Esta leyenda contempla la intervención de los padres en la vida afectiva de una persona desde dos ángulos distintos. Por un lado hace alusión a la *constante intromisión* de algunos progenitores en asuntos que conciernen exclusivamente a unos cónyuges. Por otro lado se refiere al modo en que los padres condicionan y orientan nuestra proyección sentimental a través del ejemplo que nos dieron mientras fuimos niños.

Los padres que invaden la intimidad de la pareja

> A veces tengo la sensación de que estoy casada con mi marido y con su madre.

Hay padres que, con la mejor intención, deciden intervenir en la vida sentimental de sus hijos. Ofrecen consejos que nadie les ha pedido, opinan acerca de lo que conviene o no a la pareja, juzgan su estilo de vida, se mezclan en las discusiones que ésta tiene, intentan dominar el curso de su vida en común, vigilan un terreno que no les corresponde y, en ocasiones, fuerzan el vínculo de unión mediante el apoyo económico a la pareja.

Generalmente, este tipo de progenitor vive totalmente a través de su hijo: le llama por teléfono a diario utilizando para ello excusas absurdas, y se ofende cuando tanto el hijo como su cónyuge evitan el contacto permanente. Necesita inspeccionar todo aquello que éste siente o hace, no suele respetar su intimidad ni tolera que los esposos demanden libertad y autonomía. Además, tiene la imperiosa urgencia de defender al hijo constantemente e insiste en demostrar a todo el mundo que éste *vale más* que su pareja.

> Cada vez que tenemos un altercado, ella se esconde en casa de su mamá.

También hay hijos, hombres y mujeres, que no consiguen romper la dependencia afectiva con sus progenitores, de quienes precisan consejo constante incluso en los asuntos más íntimos y privados, o a quienes sienten la obligación de proteger. Este tipo de persona utiliza la casa paterna cuando necesita *refugiarse*, o acude veloz en ayuda de sus padres cada vez que ocurre un percance nimio, como puede ser una leve gripe de uno de ellos. Tiende a consultarles todo o permite que le llamen a cualquier hora. Consiente que tomen decisiones que conciernen a su vida conyugal, utiliza su presencia para criticar a su pareja o para ventilar los trapos sucios de su vida sentimental, tiende a comparar las habilidades del cónyuge con las de los padres mediante observaciones del tipo: «Mi madre prepara este plato mejor», o «Mi padre ha sido capaz de tal cosa, mientras que tú...» y, además, obliga a su pareja a pasar la mayoría de su tiempo libre con la familia política.

La invasión de los padres, en uno u otro sentido, termina por sofocar al hijo político, erosiona la intimidad de los amantes, impide que aprendan a resolver sus divergencias, y es una fuente inagotable de conflictos. Normalmente, la persona que tolera o busca la intromisión constante de sus progenitores carece de autonomía psicológica, no ha alcanzado el nivel de independencia emocional necesario para lograr una unión afectiva madura; tiene dificultades a la hora de manejar su propia vida, necesita recurrir a sus raíces y a su pasado para orientarse y, además, sólo reconoce la valía de su cónyuge cuando ésta es una réplica de la del padre o la madre.

El ejemplo de los padres durante la infancia y la elección de pareja

El trato que impera en el hogar, el que recibimos de los padres o el que se prodigan entre ellos, constituye la escuela de amor más importante de nuestra vida. Sus acciones y palabras nos predisponen a admirar en el prójimo aquellas cualidades que coinciden con la tradición y el comportamiento familiar. Mientras somos pequeños, absorbemos las alabanzas o los denuestos que ellos nos lanzan y no tenemos más remedio que aguantar cualquier tipo de emoción, gratificante o dañina, que nos ofrezcan. El afecto, el insulto, el orgullo, el despego, el cariño, el abuso, el respeto, la ternura, el rencor o la crítica que exterioricen los padres dotarán de significado específico a la palabra *amor.*

> Mi padre siempre andaba haciéndole cariñitos a mi madre, pero en cuanto se presentaba la ocasión la ponía en ridículo; todo el mundo se reía mucho y ella no se enfadaba. Su ejemplo me enseñó que cuando amas a alguien tienes derecho a arrastrar por el suelo la dignidad de esa persona sin que pase nada malo.

Todo lo que hacen o dicen los progenitores, lo que toleran o critican, la forma en que se aman mutuamente y cuidan a sus hijos, elabora un programa emocional con el que sabremos a lo que podemos aspirar en nuestra relación de pareja; nos indicará lo que es normal, aceptable, deseable o intolerable en el trato amoroso.

Lo que puede enseñar la actitud de los padres

El comportamiento de los padres dota de significado específico al verbo *amar* y responde a por qué nos enamoramos de una persona en lugar de otra. El siguiente cuadro es un ejemplo de cómo se desarrolla nuestro programa emocional en función del ejemplo que impera en el hogar.

SITUACIONES DEL ENTORNO FAMILIAR QUE PUEDEN INFLUIR EN LA PROYECCIÓN SENTIMENTAL Y EN LA ELECCIÓN DE PAREJA	
Situación	*Posible programa emocional*
«Mi madre renunció a sus amistades personales, se sacrificó por sus hijos, aparcó su profesión y vivió para su familia.»	El bienestar de la familia se obtiene cuando ambos cónyuges, o sólo uno de ellos, renuncia a sus deseos o caprichos personales en favor de la satisfacción de los de los demás.
«Mi madre ponía buena cara cuando mi padre la ridiculizaba.»	Si amas a alguien, tolera sus defectos.
«Mis padres se peleaban continuamente.»	Sólo cuando te enfadas y protestas logras lo que quieres.
«Mi padre tuvo una amante y mi madre le perdonó.»	Lo que pertenece al pasado, pasado está, y, por tanto, hay que olvidarlo.
«Me castigaban con frecuencia. Se castigaban entre sí.»	Es conveniente castigar para obtener un cambio favorable de actitud en el otro.
«Nunca parecía haber problemas.»	El verdadero amor hace que todo sea más fácil.

SITUACIONES DEL ENTORNO FAMILIAR QUE PUEDEN INFLUIR EN LA PROYECCIÓN SENTIMENTAL Y EN LA ELECCIÓN DE PAREJA	
Situación	*Posible programa emocional*
«Cada vez que mi padre no quería ir al trabajo, mi madre mentía por él diciendo que estaba enfermo.»	Hay que mentir para defender a quien amas.
«Mi padre era violento, y mi madre terminó dejándole.»	La falta de respeto es intolerable.
«Mi madre evitaba las discusiones con mi padre. Siempre que había conflicto se distanciaba hasta que la tormenta había pasado.»	No merece la pena enfadarse ni protestar.
«A ambos les gustaban las mismas cosas.»	La gente que se quiere coincide en casi todo.
«Padecimos calamidades, pero mis padres se mantuvieron unidos.»	El amor es una fuerza que todo lo puede.
«A ella le gustaba cocinar pero no le gustaba comer; a él le gustaba comer pero odiaba cocinar.»	Los polos opuestos se complementan y se atraen.

El programa emocional y la búsqueda de pareja

Al dejar la niñez, salimos con amigos y compañeros y damos los primeros pasos en el mundo de la relación de pareja.

Ahora, por primera vez, en lugar de tratar con personas cuya forma de amar está garantizada, anhelamos la aprobación y el apoyo de gente desconocida. Por tanto, no es extraño que busquemos refugio en los seres cuya actitud y comportamiento sean parecidos al de nuestra familia. Justo cuando creíamos haber salido de casa, nos encontramos de nuevo en ella.

Podemos mirar a nuestro padre de pelo cano y barriga prominente, que tiende a la brutalidad cuando las cosas no salen como él desea y al que conviene tratar con tiento. Luego le comparamos con el chico guapetón con quien estamos saliendo. Quizás veamos un abismo entre ambos, y creamos que nada tienen en común. Sin embargo, no hay más que rascar la superficie de nuestro recién estrenado amorcito para comprobar que comparte con papá una idéntica actitud: también pierde los nervios cuando no salen las cosas como él quiere. Al reflexionar sobre ello, observamos que también tratamos a nuestro novio con cuidado para evitar que se enfade más de la cuenta, porque, a estas alturas, conocemos bien esta reacción y la toleramos por considerarla *normal*.

Según informan los expertos, tendemos a enamorarnos de personas que, aunque sean muy diferentes entre sí, comparten un rasgo de carácter que domina la forma en que nos tratan. Es lo que les ocurre, por ejemplo, a la mujer que sistemáticamente sucumbe ante los *chulos*, o al hombre que siempre se lía con chicas que no le convienen.

Cada vez que nos enamoramos, solemos seleccionar de forma inconsciente un mismo patrón de conducta que logre transportarnos al mundo familiar y conocido, que se adapte a nuestro programa emocional y alimente la sed de amor, cariño o ternura que en su día nutrieron nuestros padres, o que por el contrario no supieron satisfacer.

El emparejamiento como rebelión contra los padres

1. *Rebelión a causa de la falta de amor.* La elección de pareja como reacción a la falta de afecto durante la niñez puede llevarse a cabo de tres maneras distintas:

a. Algunas personas que no recibieron suficiente amor durante su infancia y albergan sentimientos de odio o frustración por esta causa, suelen buscar inconscientemente la compañía de una pareja a la que puedan *herir*; alguien con quien saciar su necesidad de reproches por culpa de un sufrimiento que en su día no fue posible resolver. Estas personas actúan como el marido que regaña, chilla o maltrata a su mujer, no porque ella se lo merezca, sino porque está furioso con su jefe. Al no poder enfrentarse a su superior, comete la injusticia de vomitar encima de su mujer todo el rencor o desprecio que el jefe le provoca.

b. En ocasiones, el individuo huérfano de afecto paternal no reacciona con odio, sino que presenta intensos deseos de estima. El abandono y la desesperación que dominaron su escenario infantil le impulsan a buscar con voracidad el aprecio y la ternura que le fueron denegados siendo niño, tal y como menciona el siguiente testimonio:

> Mi padre se largó de casa cuando yo tenía 8 años y dejó a mi madre con todo el peso de mi educación, hasta que al cabo de seis años ella conoció a un hombre y se casó con él. Supongo que mi madre estaba muy necesitada de amor, así que se entregó por completo a ese hombre y a los hijos que luego tuvieron. Desde el principio me sentí desplazada, observaba que ya no era importante para ella. A los 17 años me volví medio loca por los chicos, necesitaba su compañía, y saltaba de uno a otro buscando desesperadamente a alguien que no me abandonase como habían hecho

> mis padres. Todos me dejaban al cabo de unos meses porque decían que yo les «asfixiaba», a pesar de que me desvivía por cada uno de ellos e intentaba amarles con todo mi corazón.

Este tipo de sujeto suele ser consciente de las dificultades que le esperan y, al contrario de lo que ocurría en el caso anterior, las acepta con resignación, es decir, tiende a aguantar los defectos de su pareja a cambio de su aprobación. Suele vivir sus relaciones sentimentales sin libertad, proyecta en su amante su hambruna e invalidez afectiva, le cede el timón de su unión, se presta a sus exigencias, no otorga excesiva importancia a su falta de respeto... y de este modo, revive el drama infantil del que pretendía huir. Al enfrentarse a la triste realidad, algunas de estas personas deciden escapar de nuevo, embarcándose de este modo en una cadena interminable de relaciones sentimentales que, con frecuencia, sólo le aportan amargura.

La secuencia de esta conducta se desarrolla de la siguiente forma. Cuando los padres no proporcionan el nivel de afecto esencial, el niño comienza a pensar que es despreciable, inútil e indigno del amor de sus progenitores. Como mecanismo de defensa, busca con voracidad la estima de personas ajenas a su familia con el propósito de demostrar a sus padres la magnitud de su error. Intenta que se sientan culpables por haber menospreciado su valía y utiliza a cada uno de sus amantes para rebelarse contra el desdén del que fue objeto en su infancia.

Cuando alguno de estos amantes se retira de su lado, quizá agobiado por la excesiva demanda de afecto, la persona siente hacia él un impulso parecido al que le provocan sus padres. Intenta que cambie de opinión y que regrese. Pretende convencerle de su equivocación mediante la profusión de atenciones, «amándole con todo su corazón», aguantando sus desplantes. De este modo procura decirle que comete un disparate al abandonarla, ya que ella vale mucho y merece la pena vivir a su lado. Cuanto más grande sea el propósito de fuga del amante, más empeño pondrá la persona en ganar su estima. Si el esfuerzo resulta estéril, entonces se embarca en una nueva aventura amatoria con el fin de demostrar a los traidores, padres y anteriores amantes, que es digna de aprecio y que, por tanto, hicieron mal al desdeñarla.

c. Otras veces, la falta de amor en la vida del niño le induce a cultivar una actitud pasiva o pesimista ante las emociones placenteras:

> *Cuando alguien te diga que te quiere, que te ama, te está mintiendo.*

Su vida amorosa transcurre sin un objetivo claro por el que luchar. Desconfía del afecto de otras personas, no tiene excesiva fe en el amor, y no encuentra una base suficientemente sólida que le haga cambiar de opinión. Este tipo de persona mantiene relaciones amorosas pálidas y agonizantes, de las que no espera nada y a las que no entrega nada. Inunda a sus amantes de hastío y desesperación, no se estremece ni se conmueve a su lado, cualquier satisfacción le resulta insípida. En múltiples ocasiones cultiva esta actitud, displicente y lejana, como recurso de rebelión a través del cual intenta demostrar a todos que sus exigencias son *demasiado altas*, y que nada ni nadie puede saciarlas.

2. *Rebelión como reacción a un exceso de protección*. En el extremo contrario a todo lo expuesto anteriormente, tenemos a quienes se revuelven contra la abundancia de cuidados paternales. Estas personas se emparejan con alguien opuesto a todo lo que los padres aprecian o defienden. Este tipo de rebeldía tiene matices distintos al caso anterior, ya que aquí el revulsivo lo produce el exceso de protección y no la falta de amor. La per-

sona, agobiada por la constante vigilancia de sus padres, decide demostrarles que es independiente, que no necesita sus consejos, que puede hacer con su vida lo que le da la gana y, sobre todo, desea dejarles claro que ellos *no tienen razón*. Para conseguirlo, busca sistemáticamente la compañía de alguien contrario a sus padres, por ejemplo:

— Si ellos son conservadores, el elegido es libertino o ácrata.
— Si dan importancia a la estabilidad económica, el elegido es despilfarrador y vago.
— Si son religiosos, el elegido presume de ser ateo...

Alarmados por tan fatídico capricho, los padres y amigos pueden intentar que la persona se percate de su error. Entonces ella reacciona con ahínco y pretende demostrar a toda costa que la responsabilidad es suya, que es independiente y capaz de asumir las consecuencias de su propia vida, aunque éstas sean las peores que cabe concebir:

> ¿Sabes lo que te digo?, que prefiero ser infeliz con mi novio antes que feliz con mi mamá.

Su orgullo y sentimiento de autonomía aumentan, de forma inconsciente, cuando consigue fastidiar a sus padres o les da *una lección*. Su búsqueda de pareja se fundamenta en lo que hace infelices a sus progenitores en lugar de centrarse en aquellas cualidades que podrían hacerla feliz a ella.

LEYENDA Nº 3. LOS POLOS OPUESTOS SE ATRAEN

Aunque existe alguna rara excepción, este tópico induce a uniones nefastas en las que reina el dominio de uno de los amantes sobre el otro. En general, su vida en común pasa por los siguientes estados:

Al principio, ambos creen haber encontrado la horma de su zapato, el dominante puede ejercer su poder sobre el débil, mientras que éste se deja llevar por su compañero.

Con el tiempo la persona débil puede mostrar dos tipos de conducta:

1. Su dependencia se hace más intensa y cada día que pasa su voluntad y personalidad tienen menos fuerza. La persona sumisa no sabe hacer nada sin su pareja, teme que la relación llegue a su fin, y, en general, pone su vida al servicio de su compañero.
2. Reacciona y se rebela contra el constante dominio de su pareja, a la que termina abandonando.

La base de toda relación duradera es la compatibilidad, es decir, la *coincidencia de elementos comunes y complementarios*. Como hemos visto con anterioridad, los seres humanos tendemos a buscar en nuestros compañeros y amigos algún rasgo familiar y cercano, a pesar de lo cual, hay gente que asegura estar enamorada de alguien radicalmente opuesto. Quizás se refieran a que uno es deportista y otro no, que uno adora el campo y otro la ciudad, que uno prefiere el jamón y el otro el queso. Sin embargo, al indagar con profundidad es fácil observar que estas diferencias son *la única diferencia importante* y que la pareja coincide en su nivel cultural, ideas políticas o religiosas, sistema de valores o modo de entender y disfrutar de la vida...

> Siempre creí que éramos totalmente distintos, porque a mí me gusta mucho meterme en la vida de los demás y él lo detesta. Con los años he comprendido lo que pasa en realidad: yo pretendo absorber los conflictos ajenos y él pretende no dar a la gente

> más problemas de los que ya tiene. Al final resulta que coincidimos en desear que el prójimo no tenga problemas, por lo que, después de todo, no somos tan diferentes.

¿A qué se debe la fama de este tópico? Aunque tendemos hacia lo conocido, al mismo tiempo nos dejamos seducir por la sorpresa; anhelamos el reto, el descubrimiento de un mundo diferente del nuestro. En la relación de pareja es tan importante la seguridad que ofrece lo cercano como la admiración y aprendizaje que proporciona lo desconocido. La semejanza con nuestro compañero nos proporciona una cierta garantía de comprensión y complicidad, pero al mismo tiempo los rasgos diferenciales permiten la diversión, el aprendizaje y enriquecimiento de la unión.

La compatibilidad con tu pareja

En este cuadro se describen diez aspectos de la personalidad fundamentales para una convivencia duradera. Observa cuántos rasgos de tu pareja coinciden contigo teniendo en cuenta que la afinidad facilita el éxito de la relación. Puntúa cada línea en función de lo siguiente:

— Coincide contigo casi siempre = 4 puntos
— Coincide contigo con frecuencia = 3 puntos
— Coincide a veces = 2 puntos
— Coincide ocasionalmente = 1 punto
— No coincide = 0 puntos

Para hallar el porcentaje total, suma todos los puntos y luego divide el resultado entre 2. Si el producto final es menor a 50, deberías pensar en cambiar de pareja.[1]

[1] Para ampliar información, véase la Leyenda nº 6 en este mismo capítulo.

Rasgos de personalidad	*Puntuación*
Físico — Lleva una vida sana. — Se preocupa por mantener su higiene. — Come saludablemente. — Duerme bien. — Consume fármacos/estimulantes/alcohol. SUMA	4 3 2 1 0
Emocional — Es fiel a sus compromisos. — Verbaliza sentimientos. — Respeta las decisiones personales de los demás. — Soluciona los contratiempos sin desmoronarse. — Expresa muestras de afecto y ternura. SUMA	4 3 2 1 0
Social — Tiene amigos. — Le gusta divertirse. — Es sociable con la gente nueva. — Muestra un comportamiento tolerante. — Se preocupa por los demás. SUMA	4 3 2 1 0
Intelectual — Estilo de educación. — Le gusta enseñar a los demás. — Le interesa aprender cosas nuevas. — Lee. — Tiene una mente creativa. SUMA	4 3 2 1 0

Rasgos de personalidad	*Puntuación*
Profesional — ¿Tiene deseo de superación profesional? — ¿Es organizado/a? — ¿Es honrado/a? — Actitud ante el dinero. — Le gusta su trabajo. SUMA	4 3 2 1 0
Sexual — Se siente orgulloso de su cuerpo. — Es activo/a sexualmente. — Es creativo/a sexualmente. — Se excita con facilidad cuando estáis juntos. — Se adapta a lo que te gusta. SUMA	4 3 2 1 0
Comunicación — Estilo de expresión: dominante, asertivo, sumiso, etc. — ¿Es tolerante con la opinión de los demás? — ¿Habla con facilidad de lo que siente? — ¿Sabe escuchar? — ¿Es egocéntrico/a cuando habla? SUMA	4 3 2 1 0
Espiritual — ¿Es creyente? — ¿Practica su fe? — Estilo de creencias. — Valores morales. — ¿Colabora desinteresadamente con los más necesitados? SUMA	4 3 2 1 0

Rasgos de personalidad	*Puntuación*
Crecimiento personal — Reconoce sus errores. — ¿Está dispuesto a mejorar? — Pide y acepta consejos. — Siente curiosidad, investiga, busca la verdad, no se conforma fácilmente. — ¿Cree que siempre tiene razón? SUMA	4 3 2 1 0
Intereses y aficiones — Le gusta viajar. — Disfruta del tiempo libre. — Hace deporte. — Tiene *hobbies*. — Intenta saber cada vez más y mejorar en aquello que le gusta, o, por el contrario, cambia con frecuencia y no termina lo que empieza. SUMA	4 3 2 1 0
TOTAL SUMA:	

LEYENDA Nº 4. EL AMOR ES CIEGO

Creo que el amor es ciego, porque cuando te enamoras no te importa que él coma con la boca abierta, ni que te interrumpa todo el tiempo. Si te dice que no puede verte porque está ocupado, no le mandas a freír espárragos. Admiras que esté tan ocupado porque crees que eso significa que es muy inteligente. Lo peor es cuando descubres que su «ocupada inteligencia» consiste en que te la está pegando con otra. Estas situaciones curan la ceguera en un santiamén.

Es posible sucumbir ante la presencia de alguien de características diferentes a las nuestras, como ocurre cuando alguna actriz famosa, anciana y millonaria se casa con un joven albañil; pero es poco probable que tal unión se prolongue en el tiempo.

La ceguera de amor es una realidad que dura más o menos años hasta que el brillo de la pasión inicial deja de deslumbrar a los amantes. En un momento dado, el velo cegador desaparece y las diferencias que antes se obviaban afloran en todo su esplendor: a ella le dejan de hacer gracia los chistes que él cuenta, él no soporta que ella se ponga histérica con tanta facilidad, cosa que ella hace porque él es un vago que no trabaja, pero él asegura que sí trabaja, que es artista, y que ella es un borrico sin sensibilidad para el arte.

Al principio ambos creían que el amor mutuo lograría disipar las diferencias, que con cariño y paciencia éstas podrían corregirse y enderezarse. El problema surge cuando cada uno quiere arrastrar al otro hacia su terreno, ambos pretenden modificar al amante, lograr que se convierta en una persona distinta de como es. Cuando ninguno de ellos desea cambiar, la atmósfera se carga de insultos o rencor y el amor que antes se profesaron cae en el olvido.

Las consecuencias de la ceguera ante los síntomas de alarma

> Quien consigue evitar la ceguera al principio de un lío sentimental se libra de un gran problema; lo digo yo, que me empeñé en ver cosas buenas donde sólo había caos... y ¡así me ha ido!

Cuando ¡por fin! él te llama para salir, o ella deja que la persigas; cuando conectas con alguien y te parece que estás a punto de apagar tu sed de amor, puede que no quieras ver más allá de lo que te apetece ver, que ignores todo lo que delata un problema y que te empeñes en cerrar los ojos ante ciertos síntomas que indican una consecuencia nefasta. Algo así queda patente en la conversación que se reproduce a continuación:

> *Ella*: Quedé con Mengana, creo que la conoces ¿no?, bueno pues quedamos para ir juntas a la fiesta de X. Fue genial. Empecé a hablar con un tío que me pareció simpático. Como había mucho ruido, decidimos ir a otra parte más tranquila.
> *Amiga*: Y ¿dónde fuisteis?
> *Ella*: A tomar una copa, pero no veas qué marrón. Él empezó a meterse rayas de coca como un poseso, sin preguntarme qué me parecía.
> *Amiga*: ¿Y?
> *Ella*: Pues, hija, que me puse un poco borde. Le dije que si él quería colocarse que se colocara solo, que me estaban entrando ganas de vomitar con el espectáculo.
> *Amiga*: ¿Y?
> *Ella*: Lo dejó un poco, pero me decía que venga, que no fuese muermo, en fin, ya sabes.
> *Amiga*: ¿Y?
> *Ella*: Nada, tía, que estoy fastidiada. No sé si me pasé con el follón de la cocaína. Total, sólo fueron un par de rayas. A lo mejor se ofendió, lo digo porque no me ha llamado. Sé dónde trabaja, ¿me hago la encontradiza? No sé, hija, no sé.

En las primeras citas algunas mujeres imploran *ser elegidas*. La sola idea de contemplar cómo alguien se interesa por ellas las motiva, y al final se dejan arrastrar por la corriente, sin tener en cuenta lo peligrosa que puede terminar resultando la resaca. Consciente o inconscientemente evitan enfrentarse a la verdad y deciden cegarse ante ella utilizando alguno de los siguientes métodos:

1. *Negación de la realidad.* «¿Cómo te atreves a decir que consume drogas? En mi vida he oído una calumnia mayor. Lo que ocurre es que tienes envidia de su dinamismo y su alegría, cosa de la que tú careces por completo.»

2. *Búsqueda de una excusa.* «Ya sé que parece muy bruto, pero es que ha sufrido mucho y se defiende de esa manera. En el fondo es una gran persona...»

3. *Búsqueda de una razón.* «Ahora no trabaja, porque está pensando en ser artista. El talento artístico no se demuestra en una oficina, ¿sabes?»

4. *Disminución de la realidad.* «¡Bahhh!, si sólo bebe un par de whiskys después de cenar, ¡eso no es alcohol, hombre!»

La ceguera ante determinado comportamiento extraño casi siempre termina produciendo más infortunio del que cabe imaginar. Para prevenir la desgracia, es importante observar ciertos detalles durante las primeras citas y cortar la relación cuando se presenta alguna señal que delate un problema. A continuación se detallan algunos ejemplos de posibles síntomas de alarma.

SEÑALES DE ALARMA ANTE COMPORTAMIENTOS EXTRAÑOS DE LA OTRA PERSONA	
Señal de alarma	*Lo que puede indicar*
Evita que le hagan preguntas directas, no quiere hablar de su pasado o se refiere a él con evasivas.	Esconde algo que no ha resuelto.
Al hablar de amor no explica lo que significa para él/ella, sino que utiliza citas de otras personas.	No desea comprometerse.

SEÑALES DE ALARMA ANTE COMPORTAMIENTOS EXTRAÑOS DE LA OTRA PERSONA	
Señal de alarma	*Lo que puede indicar*
Se niega a decirle a los demás que eres su pareja, o que estáis saliendo juntos.	Tiene problemas para formalizar una.
Jamás habla de su familia ni mantiene relaciones con ella.	Disturbio familiar. Es importante averiguar el motivo que lo desencadenó y sus implicaciones.
Frecuenta ex amantes en secreto.	Dependencia afectiva.
Culpa a sus ex amantes de causarle grandes desgracias.	No sabe solucionar sus propios problemas.
Juega a ser víctima.	Delirios de persecución.
Utiliza drogas o alcohol cada vez que quiere divertirse, o ante cualquier incidente.	Drogodependencia o alcoholismo.
No explica con claridad a qué se dedica.	Inestabilidad laboral, incapacidad para cumplir con un trabajo serio.
No cesa de llamar. Necesita saber a cada instante lo que haces o dónde estás, pretende acaparar toda tu atención y tiempo. Se molesta cuando quedas con amigos/as, aunque sean de tu mismo sexo.	Es demasiado celoso/a y posesivo/a.
Coquetea sin freno. Necesita ser el centro de atención.	Dificultades para ser fiel y comprometerse sentimentalmente.

SEÑALES DE ALARMA ANTE COMPORTAMIENTOS EXTRAÑOS DE LA OTRA PERSONA	
Señal de alarma	*Lo que puede indicar*
Debe dinero, hace trampas, es amigo de las apuestas y del juego.	Posible ludopatía o serios problemas económicos.
Le gusta mandar. Muestra chulería y deseo constante de imponer su criterio. Grita y pierde el control con facilidad.	Disturbios emocionales. Violencia desbocada.
No toma decisiones, escapa de ellas o las aplaza.	Inseguridad, falta de autoestima. Inmadurez.
Presume constantemente de su facilidad para ligar, habla de sus conquistas, se jacta de enamorar a quien le da la gana.	Posible erotomía: distorsión de la realidad en el terreno sexual. Mecanismo de defensa por culpa de un complejo de inferioridad.

Existen otros muchos síntomas que no se han descrito aquí. No es necesario hacer una lista interminable de señales; lo fundamental es saber que *casi siempre se dejan ver durante los primeros meses de relación*. Sólo tenemos que abrir bien los ojos y actuar en función de lo que observamos, ya que en algunos casos, la ceguera de amor puede resultar peligrosa.

Cuando lo que parece un amor ciego, no lo es

También puede ocurrir que la supuesta incompatibilidad de la pareja no exista o tenga como base un criterio superficial. En este caso suelen ser los familiares o los amigos quienes recurren al tópico: «No entiendo cómo una chica tan mona se ha podido enamorar de un tío tan rematadamente feo. Desde luego, el amor es ciego.» Sin embargo, la unión de la pareja, a pesar de las apariencias, es armónica y total. Resulta que ese chico tan feo por fuera, no lo es en absoluto por dentro. Él logra que ella sea el tipo de persona que desea ser; consigue que su parte más admirable y valiosa salga a la luz, y, en definitiva, la convierte en una mujer feliz.

LEYENDA Nº 5. EL AMOR LO CURA TODO

Aquí encontramos uno de los tópicos más veteranos y más proclives a la interpretación errónea, donde se otorga al amor un poder sobrenatural, capaz de resolver conflictos difíciles como si de magia se tratara. Nada más lejos de la realidad. La intervención de un amante no solventa lo que debe arreglar uno mismo: identidad, autonomía, seguridad, destino, carencias, defectos... Si el amor lo curase todo, no sería necesario hacer esfuerzo para edificar una unión sólida o para soportar el dolor de una pérdida. No habría problemas, ni tendríamos que madurar, o responsabilizarnos del error cometido, ya que según reza este tópico, bastaría con encontrar un amante que se encargase de enmendar los contratiempos.

El poder milagroso que este mito otorga al amor tiene dos versiones. Una de ellas se refiere a la facultad de sanar heridas personales, por lo que el individuo depende de su amante y le necesita para salir adelante. En la otra versión, por el contrario, el sujeto se coloca en la posición de salvador, intenta *redimir* los defectos del compañero, pretende hacerse imprescindible y anhela ser necesitado por él. Ambos casos interpretan la violencia con la que necesitan pegarse a otro como un síntoma de afecto.

No se dan cuenta de que el verdadero amor se produce cuando dos personas libres, autónomas, *capaces de vivir la una sin la otra*, deciden disfrutar juntas de su unión.

Primera versión: «Cuando te enamoras, los problemas desaparecen»

El poder medicinal del amor para curar la soledad, el vacío emocional, la falta de seguridad, desorientación, o cualquier otro tipo de tormento personal, halla su máximo esplendor en los cuentos de hadas, donde una pobre y desafortunada mujer consigue sobrevivir al infortunio gracias a la ayuda de un hombre enamorado de ella. En la vida real, sin embargo, las *cenicientas* que aspiran a que un príncipe les resuelva los problemas suelen caer en las redes de una relación dependiente, angustiosa, en la que reina un constante miedo al abandono del compañero, tal como describe el testimonio siguiente.

> Me convertí en una pedigüeña de compañía. Cada vez que conocía a un chico esperaba con ansiedad que me eligiera. Era tan estúpida que incluso le daba las gracias por querer salir conmigo, como si me estuviera haciendo un inmenso favor. Si alguno me proponía salir, enseguida me volvía adicta a su presencia, y enloquecía de miedo cuando desaparecía de mi vista.

Esta forma de vivir una relación de pareja suele hacer blanco en individuos incapaces de decidir cómo utilizar y ordenar su tiempo, que adolecen de control y seguridad personales, que buscan en el amor una medicina capaz de curar su desorientación e invalidez. Son personas que carecen de autonomía, madurez o independencia para aceptar la responsabilidad de su propia conducta; no se fían de sus aptitudes personales, no se atreven a resolver sus propios problemas, por lo que éstos terminan formando una barrera que se opone al desarrollo y el crecimiento de su personalidad. Su estado emocional suele estar dominado por la ineptitud para funcionar adecuadamente sin la intervención de un amante. Exigen la colaboración de otra persona para dar sentido a su vida; no necesitan compartir, sino que ansían un motor, alguien que se convierta en el origen y el final de su existencia. La búsqueda de compañero está impregnada de *necesidad*, se adhieren al elegido como una garrapata y tienden a manipular cualquier tipo de situación para garantizarse los cuidados y el apego de su pareja; por ejemplo, la mujer asegura que *no puede* conducir el coche, debido a que un día tuvo un accidente. Utiliza su supuesta fobia para encadenar a su amante solicitando que la lleve a hacer compras, al médico...

El afán de tener un compañero es tan grande, que generalmente eligen alguno que está por debajo de sus posibilidades. Las relaciones sentimentales en las que se embarcan tienden a ser dramáticas, dominadas por el ansia de llenar su vacío y también por el miedo a la huida de la pareja. Todo ello les induce a acosar al compañero, exigirle constante atención y muestras de afecto, con lo que terminan asfixiándole y precipitando el final de la relación.

Los problemas que habitualmente pretenden resolverse con la intervención de un amante son los siguientes:

- Soledad.
- Presión social o familiar.
- Vacío espiritual.
- Hambre de sexo.
- Aburrimiento.
- Miedo.
- Represalia a causa de la ruptura con un ex amante.

Soledad

> Había llamado a unas cuantas personas; todas tenían algo mejor que hacer; todas tenían alguien mejor con quien estar, igual que ocurrió el fin de semana pasado, y el anterior, y el anterior al anterior. Siempre el mismo cuento. Me dije: «Estás sola.» Entonces pensé en aquel chico tan presumido que me presentaron mis primos, ese que parecía tener ganas de rollo. Así que decidí llamarle. Un tío fardón es mejor que ningún tío, ¿no? A estas alturas, no puedo andarme con exigencias.

En algún momento de nuestras vidas todos hemos experimentado un desamparo que nos impulsa a buscar contacto con otro ser humano. El problema surge cuando la falta de sintonía con quienes están alrededor persiste y termina erosionando el ánimo, aniquila la estima hacia uno mismo, siega los puntos de apoyo y embota la vida afectiva.

Los motivos que desencadenaron el sentimiento de soledad pueden haber surgido en situaciones parecidas a las siguientes:

— *Desarraigo.* El individuo se ha trasladado a vivir a un lugar distinto de su medio habitual y no consigue adaptarse, tener amigos o consolidar lazos afectivos. Este fenómeno también puede producirse en las grandes ciudades, donde el exceso de posibilidades, diversiones y gente terminan abrumando al individuo, quien, cada vez se encierra más en sí mismo hasta llegar a sentir la más absoluta soledad.

— *Timidez.* La introversión provoca aislamiento, miedo a las reacciones de los demás, e incapacidad para elegir con decisión la compañía de otras personas.

— *Razones profesionales.* Algunos trabajos predisponen al aislamiento y fomentan la falta de contacto con los demás. Es el caso de los fareros, de los vigilantes nocturnos y artistas, entre otros. Otras veces es el propio individuo quien decide sumergirse en el trepidante mundo laboral, se vuelve adicto a su profesión hasta el punto de tener la sensación de sentir que pierde *el tiempo* cuando no está trabajando.

Las personas solas, que padecen el mordisco del abandono, temen que su situación se haga permanente más que ninguna otra cosa. La experiencia es tan dolorosa y traumatizante que necesitan remediarla a toda costa. En estas circunstancias se conforman con cualquiera, sea adecuado o no, con tal de solucionar su problema.

Presión social o familiar

Ella: Ya he mandado mi currículum a XX, pero no creo que me llamen.
Amiga: ¿Por qué no?
Ella: Porque nadie confía en mí.
Amiga: ¿Qué?, ¿quién no confía en ti, a ver, quién?
Ella: Mi madre.
Amiga: ¿Cómo lo sabes?, ¿qué te dice?
Ella: ...Nunca le he contado esto a nadie, ¿sabes?... (llora)... cuando estaba en el colegio... me decía que era una vaga, que nunca jamás conseguiría terminar...
Amiga: Venga, ¡sigue!
Ella: ...(Snif) ...bueno, pues también me decía que ojalá me pareciese un poco a mi hermana... ¡Ay!, perdona, creo que necesito calmarme.
Amiga: Cálmate, mujer, cálmate. Toma un poco de agua, vamos...
Ella: (se suena la nariz)... Mi hermana, ya la conoces, se casa dentro de una semana, y mi madre está como loca, venga a hablar de la boda, del novio... Creo que me desprecia porque yo no tengo novio...
Amiga: ¡Un momento!, eso no tiene ninguna relación con...

> *Ella*: ¡No me entiendes!, si tuviera novio demostraría que soy capaz, que alguien me quiere y le gusta cómo soy, que no tengo nada raro ni soy inepta ni tan distinta de mi hermana, ¿es que no te das cuenta?, ¿estás ciega?...

Cuando todos tus amigos se han casado, la tía Pilita pregunta a mamá: «¿Cuántos años tiene ya la niña?», tu madre contesta en voz baja: «Treinta y nueve», y luego ambas te miran con una profunda pena. Cuando sientes que eres distinto a los demás por no tener pareja, puedes obsesionarte, pensar que hay algo raro en ti. Entonces, anhelas compañía más que ninguna otra cosa en el mundo, necesitas comprobar que alguien te quiere, que mereces la pena. No te molestas en elegir, no seleccionas a la pareja adecuada ni te fijas en sus cualidades y si es o no compatible contigo. Sólo quieres encontrar pareja y con eso te conformas.

Vacío espiritual

Se produce cuando ignoras por qué y para qué estás en el mundo, te invade la imposibilidad de definirte a ti mismo, no sabes dónde vas ni lo que esperas obtener, nada parece emocionarte, pocas cosas te afectan o, por el contrario, te ahogas en un vaso de agua. No consigues encajar contigo mismo y *necesitas* aprender a amarte a través del amor que te entrega otra persona. El único problema es que, como pago a su entusiasmo, ofrecimiento y afirmación, tú sólo aportas un montón de defectos.

Hambre de sexo

Padeces hambre de sexo si utilizas tu energía sexual como vía para escapar de un conflicto que no puedes resolver, necesitas *usar* el cuerpo de otra persona para desahogar la frustración y la pena, te urge comprobar continuamente que no eres impotente o frígida, utilizas el sexo como fuente de autoafirmación, o crees que sólo mediante el rastreo de cuerpos encontrarás la pista que te conduce al amor. En este caso eliges pareja con voracidad carnal, esperas resolver tu inseguridad, hambre de afecto, frustración o complejos mediante orgasmos y erecciones. Haces el amor para obtenerlo; luego te das cuenta de que el sexo no te aporta amor, ni orgullo o dignidad, y de nuevo te sientes mal. Entonces, te urge desahogarte otra vez en otro cuerpo, con la esperanza de que éste, por fin, consiga regalarte eso que tanto buscas.

Aburrimiento

Algunas personas buscan pareja para escapar del hastío, monotonía y tedio que domina su vida. Por regla general, mantienen una postura apática y cansada, el tiempo parece correr demasiado despacio y necesitan que venga alguien y se lo acelere. Por eso esperan que el amante ofrezca nuevos proyectos, actividades trepidantes y satisfactorias, una relación humana rica en incentivos, dinamismo e inquietudes. Necesitan un huracán que espabile el letargo que asola su espíritu.

Miedo

No sabes expresar lo que quieres o deseas, no sabes cuidar de ti mismo ni de los demás, no resuelves problemas ni te marcas objetivos, todavía no has madurado y necesitas alguien cerca que haga todo lo que tú no te sientes capaz de hacer. Te pegas como una lapa a cualquier persona, no porque te guste estar con ella, sino porque temes lo que puede ocurrir cuando esa persona se marche:

Ella: No comprendo lo que me pasa, pero desde que tengo memoria salto de un novio a otro, a veces estoy con dos al mismo tiempo. Cuando lo pienso no me entiendo a mí misma. Parece que sólo tengo identidad con un tío al lado.
Amiga: Supongo que la gente se anima más cuando tiene alguien en quien apoyarse.
Ella: Es cierto. Si de pronto se larga y te deja tirada, te sientes como un trapo sucio... como sin vida.
Amiga: Así que sales corriendo a buscar un sustituto que te anime, que te ponga las pilas otra vez, ¿no?
Ella: Sí, los tíos me dan seguridad.
Amiga: ¿Seguridad dices? ¿Te refieres a que saltar de tío en tío te da seguridad?
Ella: Bueno... la verdad es que quiero cambiar. Odio depender tanto de alguien que luego se marcha y no vuelve a acordarse de mí.
Amiga: Eso suena bien...
Ella: Lo malo es que no soy capaz... en cuanto rompo con un tío, bueno, no sé, el caso es que salgo corriendo a buscar otro. Es como una droga... agarro el teléfono y no dejo de llamar hasta que encuentro a alguien que me haga caso. Te juro que estoy deseando dejarlo, pero tengo demasiado miedo de no poder soportar la presión de un fin de semana a solas. No me atrevo a probar lo que ocurriría si dejo el teléfono colgado.

Represalia a causa de la ruptura con un ex amante

No soportas que él se haya ido con otra. No toleras que ella te dejara plantado tras un «Ya no me gustas». Al marcharse, tu ex amante ha escupido en tu orgullo, ha dejado claro que no mereces la pena, que eres una mala compañía. Así que decides vengarte. A partir de un determinado momento dices «¡Basta!», cesas de gimotear y entras en acción. Tu interés se concentra en fastidiar al que se ha ido, quieres demostrarle su equivocación, deseas que te pida perdón y que te implore permiso para regresar a tu lado; y, por eso, decides liarte urgentemente con cualquiera capaz de suscitar los celos del traidor. Para ello es fundamental que el nuevo amante sea *mejor* que el anterior, y por tanto buscas compañía entre gente que exhibe rasgos de personalidad diferentes, incluso opuestos a los que tenía tu *ex*. Por ejemplo:

- Si el anterior era tranquilo y ordenado, el nuevo es salvaje, vividor y amigo de las juergas.
- Si era adicto al trabajo, estaba todo el día en la oficina y tenía grandes ambiciones profesionales, el nuevo es escritor, artista o trabaja en casa, con lo que está siempre a tu lado y dispone de tanto tiempo libre como quiera.
- Si el anterior era asertivo, dominante o muy independiente, el nuevo es llorica, sumiso y necesita de tu ayuda para salir adelante.

Este tipo de relación sentimental, en la que pretendes que tu nueva pareja cierre una herida que todavía sangra, donde usas al actual amante como arma arrojadiza contra otra persona de la que no has conseguido desconectar emocionalmente, se construye sobre una plataforma enferma, angustiosa, poco honesta y muy frágil. No te enamoras de lo que es tu nuevo amante, ni te fijas en los rasgos de su personalidad que pueden hacerte feliz. En realidad, estás huyendo de un recuerdo que no te resulta grato, eliges a la nueva persona sin libertad, bajo la coacción de un despecho. Por supuesto, el resultado final es previsible.

> Mi ex era «Mister Responsable», todo lo tenía que revisar veinte veces, tardaba un siglo en terminar su trabajo, nunca tenía tiempo para mí, y me dijo que era mejor dejarlo. Entonces, conocí en una

fiesta a R, un tío divertido, bebedor, guaperas y bastante chulo. ¡Qué liberación! ¡Un hombre distinto, despreocupado, libre y alegre! Empezamos a salir durante una temporada. Todo empezó a estropearse, porque solía llevar una copa de más, no tenía trabajo fijo, siempre andaba pidiendo dinero prestado, y, además, le gustaban las fiestas más que nada en el mundo... Nos peleábamos mucho y, ya sabes, empecé a acordarme de «Mister Responsable». Creo que sigo enamorada de él.

Segunda versión: «¿Cómo le voy a dejar?, ¡me necesita!»

Mi madre se quejaba de que mi padre era medio alcohólico, pero todas las noches le recibía en la puerta con un whisky que le preparaba como regalo de bienvenida. A pesar de no soportarlo en mis padres, terminé por casarme con un marido que bebía más de la cuenta. Supongo que me casé con él para ayudarle. He intentado romper, dejarle, pero entonces me pide que le perdone, me dice que quiere cambiar y que me necesita.

En la elección de pareja a veces subyace el deseo de *redimir* un defecto grave que un progenitor impuso y con el que no hubo más remedio que convivir. El afán de socorrer a la pareja, como no fue posible hacer con el padre, se convierte en una meta fundamental. La persona se ampara en la comprensión, la tolerancia o la defensa de tal defecto, en el convencimiento de que éste es el mejor vehículo de curación:

—Desde hace tres meses salgo con Fulano y, verás, me han dicho que su mujer le dejó, porque... tiene la mano demasiado larga.

—¡Qué me dices!, ¡qué horror!

—Bueno, tranquila. ¡Es que tú no sabes qué espanto de mujer! Yo le entiendo mucho mejor. Sólo le falta cariño, eso es todo. Voy a hacer lo que esté en mi mano para hacerle feliz.

Aquí el amor se interpreta como un sublime sacrificio por el cual el individuo olvida su bienestar personal para auxiliar a su descarrilada pareja. Así ocurre cuando, por ejemplo, el hombre se emborracha cada dos días y la mujer es instigada por sus amigos a abandonarle; ella entonces defiende a su marido y le apoya con comentarios como: «Está pasando una mala racha», «Él no es así», «Me necesita», «Ya me ha pedido perdón», «Va a cambiar»..., y mientras se halla ofreciéndole ayuda y comprensión, él se emborracha de nuevo.

Según los expertos, hay quien siente una atracción explícita por los defectos del amante, porque gracias a ellos puede situarse en una posición de superioridad moral. Quizá por primera vez en su vida alguien solicita su clemencia, perdón y ayuda. Por este motivo elige a un compañero bebedor, violento, promiscuo, jugador, inestable, mentiroso, traicionero o dueño de cualquier defecto que sea necesario perdonar. El mero hecho de sentirse necesitado, de ser *imprescindible*, le hace soportar una convivencia inaguantable; prueba de ello es que, en general, la mujer maltratada necesita una cantidad considerable de palizas para tomar la decisión de abandonar al bestia de su marido. [2]

LEYENDA Nº 6. EL AMOR AUTÉNTICO ES AQUEL EN EL QUE ENTREGAS TODO SIN ESPERAR NADA A CAMBIO

Este tópico suena muy bien, eleva el amor hasta las mismas puertas del cielo y funciona en muchos tipos de relación huma-

[2] En el capítulo IX encontrarás más información acerca de las consecuencias que puede acarrear la misión de rescate en la pareja.

na, *pero no en la relación de pareja*, donde la clave del éxito consiste en equilibrar aquello que se entrega con lo que se recibe.

Cuando una persona tiene voluntad de ofrecer, necesita encontrar a alguien con voluntad de recibir; cuanto más ofrece uno, más recibe el otro; cuanto más generoso y activo es uno, más egoísta y pasivo se vuelve el otro. En las uniones sentimentales el exceso de generosidad en una de las partes con frecuencia provoca un exceso de egoísmo en la parte contraria.

Cuando uno trabaja más que su pareja por el bienestar de la relación

Todas las parejas pasan por momentos en los que uno aporta mayor entusiasmo y fe que el otro en la relación; por ejemplo, ella puede derrochar dinamismo e ilusión, mientras él sigue el ritmo de su compañera con una cierta apatía y sin demasiado ardor. Este comportamiento es normal... siempre y cuando sea pasajero y recíproco. La pareja que tiene bien equilibrada la balanza se turna a la hora de dar y recibir; el cimiento de su unión perfecta consiste en ofrecer apoyo al que lo necesita, con la seguridad de que su pareja le brindará idéntico trato cuando sea preciso.

Sin embargo, hay uniones en las que una de las personas asume el mando y define la relación, mientras que su pareja adopta un papel sumiso y obediente. Generalmente, esta última trabaja mucho más que la otra, colma a su pareja de pequeños detalles sin esperar nada a cambio, aparca su vida privada para ponerla a disposición de su pareja; y todo ello porque está convencida de que a cambio de tanta entrega recibirá ternura y comprensión. Por supuesto, no las obtiene; pero sí consigue egoísmo, desinterés, apatía, exigencias desmesuradas y un profundo sentimiento de cansancio y abandono.

La conversación que se describe a continuación refleja claramente esta situación. La mujer que habla con su amiga no tiene hijos propios, lleva tres años casada con un hombre separado y durante los fines de semana conviven con los dos hijos adolescentes del marido.

Ella: Estoy desesperada, me siento fatal. Durante tres años no he podido salir con mis amigas porque él no me deja. Ni siquiera permite que me acerque a sus hijos.
Amiga: ¿A qué te refieres?, ¿no puedes darles órdenes?, ¿no puedes hablarles?
Ella: No quiere que intervenga en sus vidas, no quiere que les demuestre amistad o cariño. Siempre me dice que les deje en paz, que no me ocupe de ellos. Sólo quiere que le haga caso a él. Yo le digo que me parece mejor compartirlo todo, incluso el amor por sus hijos, pero al oírlo se pone histérico. Considera a sus hijos como una especie de rivales y a mis amigas... ¡para qué contarte!
Amiga: Y ¿por qué no le dices que eso no puede continuar así?
Ella: ¡Eso mismo me pregunto yo! Intento hacer feliz a todo el mundo, pero creo que no lo aprecia. Muchas veces me digo: «Qué haces aquí, ¡si él no te quiere!»
Amiga: Querida, ¡ahí está el error! Fíjate que le estás poniendo a él por delante: si él no te quiere, tú te vas. ¡No señor! ¿Por qué no te dices a ti misma: «Me voy porque a Mí no me gusta esta situación, porque Yo no soy feliz?» La postura de tu marido está muy clara: quiere que le sirvas.
Ella: Ya, pero... ¡es que estoy enamorada!
Amiga: ¿Cómo puedes estar enamorada de una persona que no te hace feliz?
Ella: Me gusta hacer cosas por él... no sé... creo que me quejo sin razón.
Amiga: Hija mía, ¡no hay quien te entienda!
Ella: Ya...

El cuadro siguiente expone una serie de situaciones típicas de la persona dadivosa. Te servirá para definir cómo es tu relación de pareja; sabrás si das más de lo que recibes u ocurre lo contrario.

Conducta de la persona que da más de lo que recibe

Observa si eres tú quien actúa de esta manera siempre, muchas veces, pocas o nunca. El comportamiento que se define a continuación no es recíproco; la persona no recibe un trato parecido de su pareja.

- Inicia los gestos de afecto: abrazos, besos...
- Resuelve las necesidades de su pareja antes que las suyas.
- Se adapta a los caprichos sexuales de la pareja.
- Presume de los éxitos profesionales o personales de su pareja y jamás habla o tiene en consideración los suyos propios.
- Se adapta a los planes que propone su pareja.
- Renuncia a sus amigos personales en favor de los de su compañero.
- Se encarga de celebrar siempre las fechas importantes: aniversario o cumpleaños de la pareja. Excluye su propio cumpleaños.
- Se culpa por los tropiezos que surgen en la relación.
- Se adapta a los hábitos, creencias, costumbres y horario profesional de su pareja. Renuncia a los suyos.

Razones de esta conducta

- Autoestima débil, inseguridad, dependencia.
- Repetición del comportamiento del progenitor más influyente. Con el transcurso de los años, la conducta de los padres

termina por considerarse normal y tiende a imitarse en la relación de pareja.

• Reacción a la falta de amor en la infancia: la persona termina pensando que el amor es un premio inalcanzable al que se accede con sumo esfuerzo, sacrificio y dedicación.

Las personas sumisas no suelen definir lo que les gusta o desagrada; se dejan llevar por el curso de los acontecimientos con resignación; adoptan el papel de mártir; se echan la culpa de cada error que acontece, aunque no haya sido cometido por ellos; y esperan una recompensa justa que nunca les termina de llegar. Las personas dominantes, en cambio, tienen serias dificultades para expresar ternura o cualquier sentimiento que les haga parecer vulnerables; echan la culpa a los demás de lo que no sale como a ellos les gusta; niegan su incapacidad para resolver cualquier tipo de problema y abusan de la buena disposición de los demás. A pesar de lo que se opina, las personas dominantes no siempre pertenecen al sexo masculino, como tampoco las mujeres son necesariamente quienes obedecen y se entregan a su pareja sistemáticamente.

La postura dominante y la sumisa destruyen por igual la relación

En general, cuanto más dominante es una de las personas, más sumisa es la otra; sin embargo, en ocasiones los papeles se mezclan o resulta difícil identificarlos, como ocurre en la situación que se describe a continuación:

> *Él*: Dijiste que querías hacer ese maldito curso de pintura a millón de pesetas la hora, y mira, ¡menudo desastre!: todo anda tirado por aquí, todo está hecho un asco.

Ella: No sirvo para esto; hasta tú mismo me has criticado por lo mal que lo hago.
Él: Sólo pretendía que te esforzaras un poco más, que te sintieras orgullosa de ti misma. Pero, por lo visto, a ti no te gusta hacer nada que requiera un mínimo esfuerzo. Te quejas de que tu vida está vacía, pero tiras la toalla en cuanto tienes que hacer algo para rellenarla.
Ella: ¿Acaso te pedí que me dieras tu opinión? Siempre andas fisgando en mis asuntos, siempre tienes que decirme lo que debo hacer y cómo debo hacerlo. Si me siento vacía es porque te importo un bledo. Nunca me hablas, ni me cuentas nada, y además no me escuchas. ¡Pasas todo el día en la oficina!
Él: ¡No tengo más remedio que trabajar! A veces me ahoga saber que dependes tanto de mí, por eso me gustó mucho oírte decir que deseabas hacer ese curso. Lo único que deseo es que no te quedes en casa todo el día pensando en lo vacía que es tu vida. Deseo que tengas otras inquietudes e intereses aparte de mí.
Ella: ¿Y por qué no puedo quedarme en casa, a ver, por qué no puedo? Tú siempre tienes que decidir por mí. Si te empeñas en que me aburro, ¡tengo obligación de aburrirme! Eso sí, no estás dispuesto a solucionar mi aburrimiento con tu presencia. Me empujas a que haga un curso para no tener que estar conmigo, para no tenerme que oír y deshacerte de mí.

¿Quién es el sumiso y quién el dominante? Probablemente la mayoría de las mujeres se identificarán con ella, y piensan: «¡Pobre!, con ese marido tan mandón», «¡Menudo inaguantable!», «¡No hay derecho!». Sin embargo, los hombres tenderán a compadecer a la persona de su mismo sexo, a quien verán como alguien generoso, que se preocupa por su mujer y que ha gastado un montón de dinero para ayudarla.

La verdad es que ninguno de los dos mantiene una postura que favorezca el éxito de la relación. Si miramos de cerca lo que ocurre en esta escena, es fácil observar que ambos tienen idéntica responsabilidad en el envenenamiento de su amor. Ella juega a ser *mártir*, una víctima de la incomprensión de su marido que es incapaz de *leerle el pensamiento* y no entiende a lo que se refiere cuando dice que su vida está vacía y que no *aprecia el esfuerzo* que ella hace para ofrecerle una casa limpia y caliente. Mientras tanto, él asume un papel de *salvador* que soluciona el vacío de su esposa pagando un curso de pintura; además, intenta *educarla* con un discurso acerca de lo importante que es tener intereses en la vida. Ninguno de los dos siente que su pareja le ama lo suficiente. *Ambos están dando lo que el otro no desea recibir.*

LEYENDA Nº 7. CUANDO HAY AMOR SOBRAN LAS PALABRAS

Gracias a este tópico algunas personas creen que el amor posibilita una especie de comunicación telepática en la que no hace falta hablar, preguntar ni expresar lo que gusta o desagrada, porque, según la leyenda, cuando la gente se enamora recibe el don de leer el pensamiento del otro. Sin embargo, los especialistas señalan que este supuesto milagro es la causa más importante de fracaso en la relación de pareja. Es esencial hacer preguntas y verbalizar sentimientos tanto en las primeras citas como a lo largo de toda la convivencia. Existen varias razones que a continuación se explican.

1. *Al inicio de la relación.* Las preguntas ayudan a reconocer a la pareja idónea.
2. *Durante la convivencia.* La falta de comunicación desorienta y confunde; la pareja necesita estar informada para poder cooperar y, cuando no se habla claro, es frecuente recurrir al

sarcasmo y al ataque. Al final, se termina por contar a los demás lo que debería oír la pareja.

Al inicio de la relación

Las preguntas ayudan a reconocer a la pareja idónea

Es curioso que algunas personas hagan más preguntas antes de comprar un ordenador, que antes de iniciar una relación sentimental que podría amargarles la vida para siempre. Al no preguntar, se pierde la oportunidad de descubrir detalles cruciales sobre la otra persona, y no se sabrá si conviene continuar con la relación o, por el contrario, hay que escapar a toda prisa. Las preguntas deben referirse a los siguientes aspectos:

— Su familia y la relación que mantiene con ella.
— Su actitud frente al amor, la amistad y el trabajo. Sus ambiciones personales y profesionales.
— Sus deseos e ilusiones.
— Sus antiguos amores y las razones por las que fracasaron.
— Su concepción de la vida y su proyecto de futuro.
— Sus valores éticos, religiosos y morales.
— Sus *hobbies* y diversiones.
— Su modo de reaccionar bajo presión o en situaciones límite.

En las primeras citas ponemos mucho empeño en disfrutar de aquello que nos atrae de nuestra conquista; caemos rendidos ante su manera de reír o de bailar, dejamos que nos impresione su forma de gastar dinero y adoramos cómo nos regala el oído y nos alegra la vista. Sin embargo, con frecuencia olvidamos explorar lo que nos repele; no prestamos atención a los síntomas de alarma con la debida anticipación. Cuando el vínculo es débil todavía, no duele decir «Hasta nunca» y estamos a tiempo de encontrar el amor con otra pareja más adecuada.

Motivos por los que se evita preguntar

Es poco romántico

Que él te invite a cenar es muy romántico, pero interrogarle durante la cena no. Que ella acepte salir contigo cuando la llamas por teléfono es maravilloso, pero averiguar lo que hay detrás de su aspecto angelical no. El romanticismo de las primeras citas suele ser tan embriagador, que aterra estropear su sabor dulzón y tierno con incómodas preguntas. No deseas espiar, parecer cotilla o recibir un golpe del tipo: «Métete en la vida de tu abuela, pero no en la mía.»

Así que, para proteger el áureo ambiente que te rodea, entierras cualquier pregunta, decides mirar a tu conquista a los ojos, agarras su mano, te congratulas por haberla elegido o agradeces que te haya aceptado, y... te fías de ella.

Sin embargo, cuando el tiempo transcurre y apenas queda nada del mágico romanticismo de los primeros días, posiblemente encuentres que esa persona es distinta de lo que aparentaba. La descubres demasiado tarde, cuando ya estás enredado en cuerpo y alma con ella y resulta muy doloroso comprobar por qué no debes seguir a su lado. Entonces te arrepientes de no haber investigado lo necesario al principio, cuando todavía podías romper esa relación sin trauma.

Se temen las respuestas

Hay quien tiene tantas ganas de encontrar pareja, que otorga a cualquier candidato muchas de las virtudes de su amor ideal, se convence de que es una persona maravillosa, idónea para solucionar su problema de soledad y capaz de aportar la alegría que andaba buscando. Los que ansían compañía sentimental con desesperación, suelen evitar cualquier acto que estropee su fantasía de amor. Cuando deciden que una persona es la adecuada, cosa que hacen más o menos con cualquiera, eluden las preguntas incómodas en las primeras citas, porque temen descubrir su equivocación *demasiado pronto*. Prefieren disfrutar de un tiempo junto a esa persona que, aunque no sea la más conveniente, por lo menos alimentó durante un cierto tiempo su sueño de amor.

Asusta que la otra persona descubra lo que se quiere ocultar

Quienes arrastran un pasado turbio, padecen algún complejo, no sienten orgullo por lo que son o por lo que hacen, suelen evitar hacer preguntas para no tener que responder a las que la otra persona hace de vuelta. Confían en que su capa externa logre enamorar locamente a la pareja con el fin de conseguir que perdone el *lado oculto* si éste sale a la luz. Por supuesto, casi nunca lo consiguen, ya que para protegerse, suelen elegir la compañía de quienes prefieren las relaciones superficiales donde no se indaga demasiado ni se desea conocer en profundidad a la pareja.

Durante la convivencia

La falta de diálogo desorienta y confunde

A pesar de sentir un mutuo afecto y de compartir rasgos o aficiones comunes, los amantes son personas diferentes; por tanto, la expresión libre, clara y directa de sus necesidades, sentimientos y gustos particulares constituye la mejor fórmula para lograr entendimiento y apoyo entre ambos. En cambio, los comentarios como «Si me quieres de verdad, no hace falta que te diga lo que tienes que hacer» o «Si me amas, sabrás por qué estoy tan enfadada» otorgan a la otra persona la imperiosa obligación de adivinarlo todo; lo que supone una exigencia desmesurada que casi nunca obtiene el resultado deseado.

Tomemos como ejemplo lo que puede suceder cuando el hombre comenta: «Quisiera cenar el día de mi cumpleaños con mis padres»:

1. Ella se siente molesta, porque él no ha adivinado que en una fecha tan señalada prefiere cenar a solas con él; interpreta el comentario como una *señal de alarma* que advierte: «¡Cuidado!, se aburre contigo, necesita la compañía de otras personas.» A pesar de su inquietud, ella no explica lo que realmente desea, ni describe quién o qué le impide sentirse feliz y cómo podría solucionarse. Lo único que hace es poner mala cara y pensar: «No quieres estar solo conmigo.»

2. Al no facilitar al hombre la información necesaria, le priva de la oportunidad de justificar su comentario, de comprender la situación con exactitud o de elaborar una nueva proposición; por lo que él termina llamando a sus padres para arreglar la cita pensando que ambos están de acuerdo. Ella comienza entonces a añadir *nuevos reproches* en su listado: «¡Menudo egoísta!», «¡No entiende nada!» y el sentimiento de incomprensión se hace cada vez más profundo.

3. A medida que transcurre el tiempo, ella piensa con mayor empeño: «Si él me quisiera comprendería que algo va mal, e intentaría averiguar qué»; pero no expresa abiertamente esta idea, porque *teme oír lo que imagina*: que él ha dejado de

amarla. Poco a poco y sin tener ninguna prueba que lo justifique, el sentimiento de abandono se le va incrustando en el corazón hasta que se hace insoportable y entonces la mujer opta por una de las dos acciones que los seres humanos hacemos en estos casos: explotar o huir.

Supongamos que en este caso ella elige la primera, y el día del cumpleaños amenaza con no asistir. Él entonces se enfada, dice: «¡Cómo puedes hacerme esto!» y cosas por el estilo; a lo que ella responde con un estallido de furia; pero, de nuevo, en lugar de explicar exactamente lo que desea, justifica su postura con una retahíla de críticas que no tienen nada que ver con la circunstancia, como, por ejemplo: «Tu familia está majara, no aguanto que dejes la ropa tirada por ahí y que metas tus asquerosas zapatillas de deporte en mi armario.»

4. El hombre, que tampoco se comunica como debe, en lugar de requerir *información exacta* para aclarar el asunto, decide adivinar por su cuenta y comenta con sarcasmo: «Querida, me parece que ya entiendo lo que te pasa: vas a tener la regla.»

5. Conclusión: ambos piensan, con razón, que su unión *empieza a romperse.*

Es cierto que al exteriorizar algunos sentimientos parecemos vulnerables e inferiores a los demás; de ahí que nuestros padres nos hayan aconsejado tantas veces no llorar en público, o no permitir que nadie se percate del miedo, frustración o enfado que sentimos. Esta sugerencia puede ser de gran utilidad en situaciones de tipo laboral, pero suele acarrear un montón de problemas en las relaciones sentimentales. Por ejemplo, cuando una mujer aguanta que su marido la insulte, el mensaje que él recibe es que a su esposa no le afectan ciertos agravios, por lo que continuará profiriendo insultos cada vez que se presente la ocasión. Si al cabo del tiempo ella protesta por este trato, a él le resultará difícil comprender o acatar el súbito cambio de reglas.

¡RECUERDA!

- *Cuanto antes expresemos qué nos agrada o disgusta, consideramos normal o intolerable, mayor será la probabilidad de recibir el trato que nos hace felices.*

Para cooperar, la pareja necesita saber lo que ocurre

Algunas familias educan a sus hijos en la idea de que hay que resolver los problemas privados sin intervención ajena, lo cual implica que deben sufrir en silencio y tragarse su amargura hasta que el dilema quede solucionado. Quien se forma bajo este dogma, suele interpretar el hecho de compartir una inquietud como un acto de cobardía o de incapacidad, por lo que intenta solventar en solitario cualquier preocupación sin hacer partícipe a su cónyuge. Algunas veces, mientras se halla buscando soluciones, el afectado cambia de carácter, se vuelve irritable, hermético o reacciona con virulencia cuando su asombrada pareja pregunta: «¿Qué te ocurre?» y le molesta especialmente que ésta no sea capaz de adivinarlo sin preguntar. En tales situaciones normalmente el compañero percibe el mal humor, el silencio o los desplantes de su pareja, pero no entiende qué está pasando, ni se percata de lo que su amante le reprocha o pretende conseguir, tampoco puede resolver el conflicto, ni consigue evitar que su relación se precipite hacia el aislamiento, la frustración y la ruptura.

Es cierto que conviene remediar los problemas personales, no dejar que otra persona los resuelva en nuestro nombre o pretender que no existen; pero esto no significa que haya que menospreciar o evitar el apoyo de quienes nos aman. En general, la persona que comparte nuestra vida desea cooperar y comprender, tiene derecho a saber con claridad lo que se espera de ella, cómo puede ayudar y a qué debe atenerse.

Cuando no se habla claro...

Si estamos enfadados por algo, sentimos desilusión o dolor, muchas veces hallamos consuelo echando la culpa a otro, generalmente a quien está más cerca, y le trasladamos la responsabilidad de encontrar una solución. En casos así, algunas personas no verbalizan de forma clara y *positiva* el motivo de disgusto, sino que utilizan una vía de comunicación indirecta, plagada de mofa, críticas, órdenes, lecciones o rencor. Algo parecido ocurre cuando, por ejemplo, la mujer tiene ganas de salir por ahí, pero intuye que él preferirá quedarse en casa viendo el fútbol. En lugar de explicar lo que desea e intentar llegar a una solución que satisfaga a ambos, ella recurre al método indirecto para hacerle cambiar de opinión: «Anda, hijo, que eres más aburrido que un campo de lechugas.»

El comentario malicioso, la glosa hiriente o la censura sarcástica, como por ejemplo: «Hablar contigo es como dirigirse a un asno de hormigón», otorgan sensación de fuerza, de estar en una posición superior y llevar razón; sin embargo, están lejos de expresar con claridad lo que se desea o pretende y además hacen que la pareja reciba el comentario como un ataque, por lo que en lugar de solucionar el motivo de disgusto, siente el impulso de defenderse.

Al final, se termina por contar a los demás lo que debería oír la pareja

Hablar abiertamente de las emociones proporciona alivio, intimidad, confianza y comprensión; es decir, parte de lo esencial en la relación amorosa y uno de los mejores regalos del vínculo afectivo. Sin embargo, no todas las personas consiguen expresarle a su pareja lo que sienten u opinan de una forma positiva y directa, unas veces por timidez y otras por miedo a la reacción imprevisible que pudiera tener el compañero al saber *la verdad*. En el intento de encontrar el desahogo y la comprensión que no es capaz de hallar en su relación sentimental, este tipo de personas suele detallar a un amigo lo que en realidad debería oír su pareja.

El resultado es que una tercera persona —generalmente una mujer— se mezcla en la vida afectiva de su confidente, escucha sus secretos, es testigo de su decepción, dudas o tristeza, conoce todo lo malo que hace y dice el amante o cónyuge de éste sin que el aludido tenga ni idea de que esa tercera persona sabe tantas intimidades sobre él.

No es malo contar a un amigo algún problema sentimental siempre y cuando se utilice ese vínculo para mejorar la comunicación con la pareja en lugar de sustituirla o evitarla. De lo contrario, se corren varios riesgos, entre los que cabe destacar:

1. Cuando relatamos una vivencia, en especial si es desafortunada, tendemos a decir sólo lo que nos interesa que se sepa; damos una *versión parcial* de los hechos, ofrecemos la mejor imagen de nosotros mismos y omitimos cualquier detalle que demuestre nuestra culpa en el desastre.

Por este motivo, al comentar intimidades con una amiga, éstas suelen plantearse en forma de queja acerca de lo mal que se porta la pareja, las cosas tan horribles que dice o hace. Reconfortada por la comprensión y la disposición a escuchar que muestra la amiga, la persona puede ir aumentando el listado de lamentos hasta que llega un momento en que la imagen del amante resulta tan nefasta, que la amiga intenta convencer a quien tanto sufre de que ponga fin a la relación.

A partir de entonces, esa amiga tendrá el peor concepto acerca del novio/a o esposo/a de su confidente y será muy difícil cambiar de opinión, aun cuando la situación de la pareja mejore o resulte evidente que la información que recibió era una exageración basada en la distorsión de la realidad.

2. Compartir secretos e intimidades sentimentales con un amigo *fabrica y estrecha* el lazo afectivo con éste en lugar de hacerlo con la propia pareja. Si esa persona es del sexo contrario, puede ocurrir que la intimidad emocional que se establece entre ambos sea el detonador de un romance. Así, en lugar de arreglar la situación con la pareja, se le impone una traición, una infidelidad y un engaño.

3. El amigo a quien se cuentan secretos y lamentos puede *interpretar erróneamente* la intención de este comportamiento: en lugar de pensar que se le está pidiendo ayuda para salvar la relación, interpreta que se le demanda consejo para romperla. De este modo, procura convencer a su confidente para que deje a su pareja, dice cosas como «Se está mucho mejor solo que mal acompañado», emite palabras de ánimo en las que pinta de color de rosa lo que ocurrirá cuando se haya roto la actual relación: «Seguro que encontrarás enseguida un hombre que te quiera de verdad y que se ocupe más de ti», ofrece múltiples argumentos que ensalzan la valía de la persona «Tú mereces algo mejor que esto, con lo inteligente que eres».

Al compartir con los demás información privada sobre la pareja se les invita a entremeterse, opinar o intervenir en la relación, lo que puede proporcionar más problemas que alivio si no se toman una serie de precauciones: elegir con tiento a quién se cuentan las cosas, no distorsionar la realidad y reflexionar sobre lo siguiente:

- «¿Quiero solucionar mis problemas o simplemente deseo lloriquear un poco?»
- «¿Estoy buscando ayuda positiva o intento reclutar adeptos que defiendan mi causa?»
- «¿Qué pretendo realmente: romper o salvar mi relación?»
- «Cuando comparto mis penas con un amigo, ¿lo utilizo para no hacerlo con mi pareja?»
- «¿Saben mis amigos cosas sobre mí que mi pareja ignora?»

Requisitos de la buena comunicación en la pareja

1. *Verbalizar sentimientos y opiniones.* Cuando hay amor NO sobran las palabras, por el contrario, son un elemento indispensable para lograr intimidad, entendimiento y confianza en la relación sentimental. Cuanta más información se ofrezcan los miembros de la pareja acerca de lo que les agrada o disgusta, consideran aceptable o intolerable, mayor será la probabilidad de éxito en el trato que ambos se prodiguen.

2. Tener en cuenta que *el modo de decir las cosas puede disfrazar el verdadero significado de lo que se quiere comunicar.* Conviene evitar el uso de generalidades como *«nadie me escucha»* y expresar con claridad lo que se siente o desea, por ejemplo: «Creo que no me escuchas como hacías antes, y eso me hace pensar que te da igual lo que me ocurra. Quisiera que me prestaras atención cuando te digo que he tenido un mal día/me ha ofendido tal cosa/me han subido el sueldo/he tenido mucho éxito en el trabajo, etc...»

Es fácil obtener lo que se anhela cuando se pide de una forma clara y directa.

3. *Omitir el ataque, la crítica y el comentario socarrón* ya que sólo se consigue que la pareja inicie su propia táctica de defensa. Hay que tratar a la pareja con el mismo respeto que se desea para uno mismo.

4. Cuando surge un problema, conviene *proponer una solución, un cambio de actitud o cualquier pauta de comportamiento que resuelva el conflicto,* por ejemplo: «¿Me llamarás por teléfono la próxima vez que vayas a llegar tarde?»

Este tipo de demanda requiere una respuesta inmediata y el compromiso de cumplirla. Normalmente, cualquier amante estará dispuesta/o a modificar su conducta al saber qué tiene que hacer para mejorar su relación.

5. *Dejar claro lo que ocurrirá si la pareja no responde a lo que se le pide*, por ejemplo: «Si no llamas para avisarme de que llegarás tarde, daré por seguro que no vas a venir y haré otros planes.»

Conviene ser cauto en la forma de transmitir este tipo de mensaje, no recurrir a salidas extremas como «te abandonaré», usar un tono amable y tranquilo para evitar que la pareja lo considere una amenaza y reaccione de forma negativa. Es muy importante estar dispuesto a cumplir con lo que se dice —salir de casa, hacer otros planes— y no utilizarlo como una simple bravata que no se piensa llevar a cabo, ya que esto último sólo resta credibilidad a la persona y la inunda de desesperación.

Tener previsto un recurso evita la incertidumbre: «Hemos quedado hace media hora y este tío no aparece... ¿Le espero o no? ¿dónde se habrá metido?, ¡Dios Mío!...» y sirve para que ambos sepan a qué atenerse cuando uno de los dos no cumpla con el acuerdo establecido.

6. *Una vez resuelto el problema, hay que olvidarlo.* No conviene desenterrar viejas disputas ni vomitar un listado de ofensas que ocurrieron en el pasado cada vez que se quiera *ganar* una discusión. Esta actitud sólo fomenta el resentimiento y no resuelve el conflicto reinante.

VII. Los ingredientes de la relación perfecta

De acuerdo con todo lo anterior, ¿podemos, al fin, saber en qué consiste el amor ideal?, ¿resulta posible una definición que reúna cualquier modalidad sentimental: amor romántico, apasionado, incondicional, posesivo, bullicioso, erótico, flemático o incluso patológico? Unos se han atrevido a sentenciar que el amor es «No tener que decir nunca *lo siento*»; mientras otros aclaran que los anteriores se equivocan, porque el amor consiste en estar todo el día diciendo *lo siento*. Hay quien afirma: «El que intenta examinar el amor lo único que consigue es jugar con un misterio», o también «El amor es la unión de dos personas que permanecen juntas, pero no excesivamente».

Todos los especialistas señalan, sin embargo, que el tema es algo más espinoso y difícil de explicar, ya que en la relación amorosa interviene una complicada mezcla de sensaciones, sueños, disposiciones, necesidades, creencias, estímulos y un sinfín de emociones más que alteran el pulso, hipotecan el raciocinio, exaltan lo visible y glorifican lo invisible.

LA TEORÍA TRIANGULAR DEL AMOR

El psicólogo Robert Sternberg, por ejemplo, indica que es imposible reducir a una sola frase el significado de la palabra *amor,* y que quienes lo hacen, nos dejan sin saber cosas tan importantes como las siguientes:

— ¿Qué hay que hacer para encontrar a la pareja ideal?
— ¿Cuáles son las características esenciales de una relación armónica?
— ¿Cómo podemos mejorar nuestra unión?

Para responder a estas y otras preguntas, Sternberg ha diseñado una hipótesis denominada *La teoría triangular del amor* que, si bien no es la única descripción válida, tiene la virtud de exponer con sencillez y claridad lo que ocurre cuando las personas se emparejan y por qué algunas uniones irradian armonía absoluta mientras otras emanan desequilibrio e infelicidad.

La teoría de Sternberg se compone de un trío fundamental de factores o requisitos:

- Intimidad emocional.
- Pasión erótica.
- Ganas de comprometerse.

Las relaciones de pareja cuentan, en mayor o menor medida, con estos tres ingredientes, y el tipo de unión varía en función de la presencia de cada uno de ellos.

Intimidad emocional

Permite la libre expresión de sentimientos positivos o negativos, el fluir de una buena comunicación, compenetración, adaptación y reconocimiento de lo que gusta o desagrada a nuestra pareja.

La intimidad emocional va más allá del intercambio sexual; se mueve en un nivel espiritual en el que actúa todo un mundo de sentimientos y de pequeños actos cotidianos que permiten a la pareja sentirse unida emocionalmente sin que intervenga el goce físico. Constituye el refugio en el que los amantes hablan y se comunican para regalarse mutuamente comprensión, ternura, confianza, seguridad, compañía y aprecio.

Se trata de un componente que nace y se desarrolla poco a poco; gracias a él los cónyuges aprenden a conocerse, a confiar uno en el otro y a comprenderse. Aunque el tiempo que tarda en crecer varía de una pareja a otra, lo cierto es que jamás se logra alcanzar al día siguiente.

Sólo podrás gozar de intimidad emocional cuando tu autonomía esté muy afianzada, sepas claramente lo que te gusta, lo que puedes lograr, necesitas o esperas obtener, cuando reconozcas tus defectos y aprecies tus virtudes. La autonomía produce independencia de criterio y evita las relaciones en las que uno domina a otro y le dice todo el tiempo lo que tiene que hacer.

Puesto que la intimidad emocional no sabe nada de sexo y está exenta de todo apasionamiento erótico, puedes disfrutarla también con un amigo, al que normalmente llamas *íntimo*.

Pasión erótica

Incluye todo lo relacionado con el lance sexual: el irresistible fuego que uno siente cuando el otro está cerca, el sonrojo, el brillo de los ojos, las ganas de pasar el día entero haciendo el amor, el temblor de piernas y calambres en el estómago. Además, abarca el orgullo, la enorme satisfacción y la algarabía que proporciona la reciprocidad, es decir, saber que *le gustas*, reconocer que tú también enciendes el fuego de su deseo.

Ganas de comprometerse

Para que este factor se desarrolle es necesario reconocer que estás enamorado y que te encuentras mejor al lado de esa persona que lejos de ella y que aceptas todas las consecuencias que esto implica, es decir, garantizas a tu pareja que tienes previsto permanecer junto a ella en lo bueno y en lo malo durante mucho tiempo. Sólo cuando una cosa va ligada a la otra los amantes pueden demostrarse mutuamente que desean trabajar en equipo con todo el ahínco que sea necesario para lograr una unión larga y feliz.

El emparejamiento sólido se produce cuando coinciden los *triángulos* de cada amante; por ejemplo, si en uno de ellos domina el componente «pasión erótica», en el otro debe ocurrir lo mismo, aunque los dos ingredientes restantes también tienen que estar presentes. Por lo visto, sólo el lote completo otorga al amor dimensión total, despierta el anhelo de dar lo mismo que se recibe, suscita un «Te quiero tanto como tú me quieres», hace que sientas al mismo tiempo el fulgor apasionado de una nueva conquista, el sosiego y la confianza de una amistad entrañable y las ganas de escalar montañas y cruzar océanos mientras sujetas la mano de tu amante.

No se sabe cuántas parejas circulan por el mundo disfrutando de una armonía tan perfecta, lo único que se sabe es que existen y que conviene emularlas. ¿Cómo? Sternberg propone que nos fijemos en el triángulo propio, lo comparemos al de nuestra pareja y *junto a ella* intentemos modificar las cantidades de cada ingrediente en la proporción necesaria. Se trata, sin duda, de un buen consejo que nos permitirá averiguar qué aspectos de la relación pueden mejorar, cuál de los componentes anda escaso en relación al de nuestro compañero y, sobre todo, si la persona de la que nos hemos enamorado es compatible o no con nosotros.

¿QUÉ OCURRE CUANDO SÓLO COMPARTES UNO DE LOS INGREDIENTES?

Todos los especialistas coinciden en señalar que este tipo de situación da lugar a esa clase de relaciones de las que tus padres y amigos te recomiendan huir. Los motivos más importantes se enumeran a continuación.

«No tenemos secretos»

Si coincides exclusivamente en el vértice de la intimidad emocional, puedes tener la garantía de que vas a ser muy amigo de tu pareja, que te gustará mucho estar y hablar con ella, sentirás que confía en ti tanto como tú confías en ella, notarás que te comprende y te escucha; pero, sin embargo, no tendrás demasiadas ganas de hacer el amor, explorar su cuerpo o improvisar toda suerte de juegos sexuales; ni tampoco estarás dispuesto a soportar ciertas manías, enfermedades, contratiempos o alteraciones de carácter.

> Mi novio y yo hemos estado juntos durante más de un año. Hablábamos de todo, incluso de lo que no éramos capaces de hablar con nadie más, de verdad, pero había un problema. A él no le gustaba que yo le achuchara. No lo decía claramente, pero se ponía como tenso... Al final, nos dimos cuenta de que nuestra relación era mejor antes, cuando nos portábamos como amigos SIN derecho a beso.

«Me tengo que casar»

Hay parejas que se unen por conveniencia más que por pasión o por disfrutar de una estrecha sintonía emocional. Estos matrimonios se organizan a causa de motivos económicos o legales, también porque intermedia algo parecido a lo siguiente:

- «Me tengo que casar. La he dejado/estoy embarazada.»
- «Ya he cumplido casi cuarenta años y estoy en el límite de mis posibilidades.»
- «Más vale vivir con alguien, aunque no sea gran cosa, que estar solo.»

Estas parejas inician su vida en común bajo la presión de la familia, la sociedad o determinadas circunstancias desfavorables. En general, esperan que la convivencia y el compromiso entre ambos hagan surgir la pasión y la intimidad emocional que les falta; sin embargo, lograrlo es una proeza que sólo algunos miles de asiáticos parecen conseguir pasando por alto las continuas infidelidades del marido.

«¡Ahhh!, ¡Ohhh! Jadeamos mucho... Esto debe ser amor»

Un caso más frecuente que los anteriores es aquel en el que las glándulas funcionan más deprisa que la mente y el corazón, como ocurre en el siguiente testimonio:

> Estar con él era jugar con el desenfreno. No podíamos quitarnos las manos de encima ni en los ascensores, ni en la cama, ni en los sitios públicos. Lo único malo es que en los periodos de descanso no sabíamos de qué hablar.

La fuerte atracción sexual hace que los amantes piensen que *se conocen*, que se gustan y se aman. Ciegos de pasión, pueden decidir casarse enseguida, como ocurre en las películas americanas, pero cuando la novedad pasa y ya no queda mucho por explorar en el cuerpo del otro, ambos descubren que se han estado acostando con un extraño del que apenas saben nada, con el que no existe diálogo posible, o cuya personalidad fuera de la cama no les atrae en absoluto.

A partir de un determinado momento, la relación se inunda de hastío, de mutua desconfianza; sucumbe ante el vacío que produce la falta de conversación o se harta de las continuas traiciones y reproches que los amantes se prodigan en vista de que su compromiso carece de una plataforma sólida en la que apoyarse.

Las autoridades en el tema indican que este tipo de relaciones, en las que reina solamente un fuerte ardor pasional, tienden a ser extremas, entusiastas, intensas, tempestuosas... y también breves; aunque hay quien, después de todo, no se lamenta e incluso echa de menos el gozo compartido:

> —Me ha dejado, ¡el muy asqueroso va y se larga después de cuatro semanas de sexo salvaje! Me sale con que quiere una relación más liberal, que se sentía presionado, que no aguantaba el que yo anduviera con preguntitas, ¡menudo rollo tiene ése!
> —¿Y qué piensas hacer?
> —No sé, ando confusa, no sé. Voy a echar de menos lo del sexo, pero... por otro lado, comprendo que merezco algo más de respeto, es decir, que ese tío no me conviene.
> —¿Cuál de las dos cosas es más importante para ti?
> —Pues la verdad... (ríe)... hay momentos en los que pienso que el sexo.

LOS OBSTÁCULOS DEL AMOR PERFECTO

Todos los expertos en el tema señalan que sin pasión, intimidad y compromiso existen muchas probabilidades de fracasar, de pensar que deberías estar haciendo otra cosa o que mereces algo mejor; pero también advierten que el *triángulo de amor* no extermina los riesgos que se producen a causa de los siguientes aspectos:

— Los hombres y las mujeres se comunican de distinta forma.
— Los amantes que se adoran también se pelean.
— La relación armónica induce a pensar que la pareja *siempre* estará disponible.

Los hombres y las mujeres se comunican de distinta forma

Incluso las parejas que disfrutan de una relación perfecta deben enfrentarse a un reto importantísimo: comprender el idioma del compañero, descifrar la intención de sus palabras o silencios e interpretar correctamente su manera de afrontar problemas y expresar sentimientos y opiniones.

Cuando éramos pequeños...

Los científicos aseguran que la desigualdad de comunicación entre hombres y mujeres se arrastra desde la infancia, y que esta diferencia radica no sólo en el estilo verbal de las conversaciones sino también en su propósito final.

Cuando los chicos se relacionan en el colegio intentan demostrar a los demás que son importantes, que estudian o son mejores deportistas que sus compañeros. Los chicos hablan con el propósito de jugar y juegan a luchar, están muy atentos a quién da o recibe órdenes; su meta es conquistar un lugar de prestigio desde el que puedan mandar a los otros y tratan de evitar que alguien les quite el puesto. Por este motivo, cuando los niños juegan utilizan un vocabulario conciso, informativo e imperativo:

> En el recreo de la tarde tenemos partido, tío. Yo seré delantero izquierda, a ti te toca ser portero.

Las relaciones entre las niñas, en cambio, se centran en lograr apoyo, seguridad y compañía. Ellas no luchan para colocarse en un lugar superior al de sus compañeras; en sus diálogos predomina la búsqueda de consenso y también es frecuente oír la palabra *vamos* al inicio de cada frase:

> Vamos a contarle ahora mismo a la Señorita que ese niño le ha levantado la falda a Fuencis.

> Vamos a hacer esto, lo otro y lo de más allá.

Las chicas intentan eludir el aislamiento, buscan con ahínco que alguien las *ajunte* y evitan las diferencias conmutando gran cantidad de secretos:

> Si me cuentas lo que te dijo Fulana, yo te cuento lo que me ha hecho Mengana.

Utilizan el diálogo para demostrarse unas a otras que tienen gustos y problemas similares; sus conversaciones de carácter íntimo sirven para manifestar a las demás que están cerca, que son iguales y sienten idénticas emociones. Esta peculiaridad queda patente en el recreo, donde las niñas se reúnen en las esquinas y pasan el tiempo hablando y cuchicheando sobre quién *ajunta* a quién; mientras que los chicos de su misma edad se dedican a ocupar todo el patio con juegos de competición donde el tono verbal es conciso y práctico: «¡Chuta el balón, macho!»

Ahora que ya somos mayores...

Este patrón de conducta continúa siendo pujante cuando ambos sexos llegan a la edad adulta. Al igual que ocurría durante la infancia, los hombres se reúnen para *hacer* cosas y las mujeres, en cambio, se citan con el propósito fundamental de *estar* juntas.

Según las autoridades en la materia, el hombre utiliza el lenguaje para negociar, dar o recibir información, ganar experiencia, proponer soluciones y, en general, para mantener una posición superior, igual que hacían cuando eran pequeños. Sin embargo, las mujeres se comunican habitualmente para establecer lazos de afecto, expresar sentimientos, mitigar la soledad, fomentar la intimidad, y demostrar que están cerca, dispuestas a escuchar y a que se las escuche.

Mientras los hombres suelen intercambiar información sobre acontecimientos que suceden en el mundo, ellas prefieren mantener a las amigas al corriente de lo que ocurre en *su* vida y esperan obtener de ellas idéntico trato. La mujer habla sin freno o límite de tiempo para nutrir la camaradería. Lo hace con la misma pasión tanto si se trata de cosas importantes como triviales y, además, se siente sola cuando no tiene a alguien a quien transmitir sus impresiones, comentarios o sentimientos.

Una muestra de lo anterior puede observarse en el uso y disfrute que ambos sexos hacen del teléfono.

El hombre suele utilizarlo cuando necesita preguntar algo, su conversación es de tipo práctico o técnico y generalmente cuelga el auricular en el momento que obtiene la respuesta que estaba buscando. El núcleo de la conversación telefónica femenina, en cambio, consiste en fomentar el diálogo, hablar de lo que siente o cómo lo siente, de lo que opina y de los *secretos* que conoce:

—Fulanita me pidió que no se lo dijera a nadie.

—Ella no sabe que yo lo sé, así que no se lo cuentes ni a tu madre.

Al tener una amiga con quien poder dialogar comprueba que no está sola en el mundo. Sus charlas suelen ser largas y en ellas se permiten ciertas licencias en las que abundan la exageración, la metáfora y la generalización.

Según informan los expertos, mientras la mujer teme que no cuenten con ella por no estar al corriente de lo que sucede a otras personas, el hombre teme quedarse atrás por no estar enterado de lo que ocurre en el mundo.

Distintas actitudes frente a un mismo problema

Una crítica habitual del hombre es que su novia o esposa habla más de la cuenta; que cuando tiene algún disgusto corre a contárselo a todas sus amigas y que no puede estar callada:

> Me pasma que a los diez minutos de conocerse las mujeres intercambien confidencias que ningún hombre sería capaz de revelarle ni a su mejor amigo.

El lamento femenino, en cambio, se centra en que el hombre no escucha ni sabe identificarse con lo que la mujer comenta.

> Los hombres dicen que somos un misterio, pero el misterio radica en que no les interesa lo que decimos. Por eso, cuando alguna mujer habla o explica algo, ellos salen por peteneras diciendo «las mujeres estáis todas locas», y se quedan tan frescos.

Estas quejas se producen especialmente al no tener en cuenta que, ante un determinado problema, ambos amantes esperan que el otro responda de forma parecida a como lo hacen las personas de su mismo sexo. Ellas desean recibir la comprensión y consuelo que habitualmente obtienen de sus amigas; sin embargo, los hombres se concentran en las causas del problema y en la búsqueda de soluciones. Por ejemplo:

Ella con una amiga

Ella: ¡Tengo un trancazo terrible!
Amiga: ¡Qué horror! ¡Con lo mal que se encuentra uno cuando tiene un trancazo! La semana pasada yo estuve igual. Creo que hay una epidemia o algo por el estilo.
Ella: Tienes razón, ¡qué mala estoy!
Amiga: ¡Pobrecita!

Ella con él

Ella: ¡Tengo un trancazo terrible!
Él: Llama al médico ahora mismo.
Ella: ¡Hombre! No creo que haga falta.
Él: Entonces no será para tanto.

Estas contestaciones, que funcionan perfectamente en el mundo masculino donde se aprecia lo práctico y se lucha por controlar la situación, sin embargo, suelen irritar al sector femenino. El motivo es el siguiente:

La mujer piensa en voz alta

Le gusta verbalizar sus ideas, opiniones o sentimientos y también se deleita compartiéndolos con alguien dispuesto a prestar oídos. Al hablar y escucharse a sí misma, va improvisando posibles salidas y pone en marcha un mecanismo intuitivo a través del cual descubre a qué tiene que atenerse.

Cuando la mujer le dice a su novio o marido: «Estoy tan agotada que no puedo hacer nada», no le está demandando una solución; pide comprensión. No anhela un consejo, sino un abrazo y un poco de consuelo; desea oír «¡Pobrecita!», o también «No es extraño que estés rendida con la cantidad de cosas que has hecho hoy», o cualquier frase en la que él confirme que es normal sentirse exhausta en su situación, igual que responderían sus amigas al oír el lamento.

Aunque las mujeres aprecian la ayuda masculina en asuntos de tipo económico, mecánico, electrónico o técnico, pocas toleran que el hombre se empeñe en solucionar dilemas emocionales. Al mismo tiempo los hombres no entienden por qué las féminas se quejan tanto y no hacen nada para remediar aquello de lo que se lamentan.

Quizá la clave del conflicto radica en que la mujer habla de sus problemas para oír: «Yo siento lo mismo que tú, somos iguales»; pero cuando su pareja da un consejo o indica lo que se debe hacer, el mensaje que ella *escucha* es el contrario del que esperaba: «Tú tienes problemas, yo tengo soluciones. No somos iguales.» Por este motivo cuando el hombre se lanza a proponer remedios que ella no ha solicitado, la mujer lo interpreta como un: «Tu problema tiene fácil arreglo y no tienes por qué armar tanto escándalo.» Conclusión: se lamenta de que él no la escucha ni la entiende.

La actitud masculina

Según los expertos, cada vez que el hombre se enfrenta a un problema tiende a reflexionar en privado sobre él y no cesará de hacerlo hasta que logra hallar una solución. Mientras la encuentra, calla. Rumia todas las posibilidades en silencio y sólo dejará que los demás se enteren de su preocupación cuando ha vislumbrado alguna manera de salir airoso del trance. Pedir consejo o ayuda antes de haber hecho todo lo posible por encontrar la salida le produce sensación de impotencia y debilidad. Si la mujer decide intervenir en ese momento, puede provocar una situación tan incómoda como la siguiente:

> *Ella*: ¿Qué te ocurre?
> *Él*: Nada.
> *Ella*: Venga, hombre, que a mí no me engañas. ¡Si te vieras la cara que traes!
> *Él*: Ya te he dicho que no me pasa nada. Estoy bien.
> *Ella*: Nunca me cuentas cosas. ¿Es que ya no me quieres?
> *Él*: ¡No digas tonterías!, ¡qué pesada eres!

La mujer, naturalmente, intenta ayudar identificándose con el problema igual que haría con una amiga, para lo cual necesita que se la informe debidamente y a ser posible con todo lujo de detalles. Sin embargo, el único modo de ayudar al hombre en esta situación es dándole tiempo, espacio y confianza. Los hombres se apoyan entre sí con comentarios como: «Seguro que lo resuelves», «Tú serás capaz de salir de esto», «¿Qué has pensado hacer?» y frases por el estilo en las que transmiten seguridad y exaltación de la valía o capacidad del individuo para resolver sus propios asuntos. A lo sumo, pueden dejar caer un «Llámame si me necesitas», con lo que dejan clara su intención de actuar sólo cuando el afectado lo solicite.

La pareja que se quiere también se pelea

Gran parte de la publicidad sobre los asuntos del querer se encarga de difundir que, cuando hay suerte y se acierta en la elección de pareja, el amor se vuelve algo fácil, mágico, dotado de imparable energía positiva. Sin embargo, la realidad confirma que la convivencia de dos personas que se aman consume tiempo, exige cuidados y requiere enormes dosis de colaboración, sensibilidad, voluntad, comprensión y paciencia. Sólo cuando estos ingredientes se mezclan y cooperan, la unión se torna única y conmovedora, permite a los amantes encontrar en el otro lo que estaban buscando y, además, les empuja a desear el bien y la felicidad de su compañero/a.

Aunque los cónyuges estén convencidos de que merece la pena proteger y cuidar su enlace, el esfuerzo que éste exige resulta en ocasiones arduo y lacerante, en especial cuando se disipa la borrachera de pasión característica de los comienzos. A partir de un determinado instante, la pareja debe actuar *en equipo* frente a los contratiempos de la vida cotidiana, y puede ocurrir que la personalidad individual de cada uno les lleve a querer resolver los problemas de una manera particular y distinta a como desea hacerlo su cónyuge. En momentos así, los amantes toman conciencia de que los engranajes de su unión no coinciden como ambos tenían previsto. El amor ya no les parece fácil ni mágico; observan que su *libertad personal* queda comprometida y ha de adaptarse a la voluntad del otro, y, como reacción, comienzan a vislumbrar los *defectos* que antes no se apreciaban.

A medida que la convivencia se prolonga en el tiempo, se va disipando el predominio de lo armónico, lo romántico e idealista que gobernaba en los primeros tiempos de relación y que inducía a los amantes a decirse constantemente «hacemos lo que tú quieras, cariño», «lo que tú decidas, bien decidido está» o cosas por el estilo. Con el transcurrir de los años, ambos cónyuges se vuelven más exigentes con su pareja y con frecuencia se toleran peor las diferencias de pensamiento y actitud frente a los problemas. Las pequeñas discrepancias que al principio se consideraban un síntoma de *originalidad,* ahora se convierten en *anomalía*, y la pareja necesitará tiempo y voluntad para mirar la disparidad entre ambos con espíritu positivo, con un germen de confianza en el futuro y con la convicción de que, a pesar de las dificultades, ambos están dispuestos a alcanzar juntos aquello que esperan. Para lograrlo, es fundamental que aprendan a otorgar un margen de libertad a su amado, cosa nada fácil, ya que la pasión amorosa induce a cautivar y poseer al otro.

Cómo surgen los conflictos

Cuando nos sentimos heridos por alguna causa, reclamamos el apoyo inmediato de la pareja. Si consideramos que la falta proviene de ella, entonces demandamos su disculpa. En ambos casos, la ofensa nos induce a explicar a nuestro amante el motivo de la desazón, e inconscientemente esperamos que sienta pena y sepa compartir el mismo dolor. Sólo cuando esto ocurre se diluye nuestro resentimiento. Sin embargo, puede que la otra persona no responda como esperamos que lo haga, bien porque no comprende el motivo de nuestro abatimiento, no considera oportuno pedir perdón, juzga absurdo tanto alboroto, o porque espeta un argumento defensivo. A partir de ese momento, la causa que desencadenó la tristeza deja de cobrar importancia y nos invade un sentimiento nuevo: anhelamos una disculpa o la implicación del compañero/a en el asunto más que ninguna otra cosa y, como consecuencia, aumentamos el problema hasta que adquiere matices de tragedia, perdiendo con ello todo el sentido de la medida. Cuanto más incrementa nuestro dramatismo, más ridícula le parece esta situación a la otra persona. En momentos así, un comentario del tipo *«me parece que exageras»* es recibido como un insulto que también requiere disculpa... y de este modo el conflicto se convierte en un serial interminable.

El choque empeora cuando la otra persona considera injusto que se le recrimine algo: «*Yo no tengo la culpa de lo que te pasa en el trabajo, así que cálmate y deja de hablarme así*», y entonces también se cree con derecho a exigir una disculpa por el trato recibido. Así, cada uno intenta agravar la expresión de sus sentimientos particulares para que el otro los comprenda, sienta pena y pida perdón. Cada cual atiende a sus propios razonamientos sin escuchar los de la otra persona, y como consecuencia, la herida de uno provoca una herida en el otro y viceversa. En momentos así, puede ocurrir que la pareja explote o que, por el contrario, reconozca lo absurda que resulta la discusión, se abrace y decida arreglar con calma lo sucedido. Naturalmente, la última situación es más deseable que la primera, y además es la única que consigue colocar a los amantes en disposición de hallar una solución satisfactoria para ambos.

A continuación se enumeran algunos problemas habituales:

- Los amigos de uno no le gustan al otro.
- Los parientes no están de acuerdo con la relación y hacen todo lo posible por estropearla. Uno de los amantes no se lleva bien con la familia del otro.
- Incompatibilidad de trabajo o desacuerdo con la carrera de la pareja.
- Discrepancia en lo que se espera de la relación: Uno se quiere casar, el otro no. Uno quiere tener hijos, el otro no, etc.
- Desacuerdo en la frecuencia, intensidad o estilo de relación sexual.
- Progreso social, económico o profesional de una de las partes, mientras la otra se queda atrás.
- Decisiones acerca de cómo pasar el tiempo libre juntos.

Para solucionar este tipo de problemas sin producir heridas o quiebros en la relación, hay que intentar que ambos obtengan algo de lo que desean y que ninguno de los dos se sienta disminuido, explotado o utilizado. Con un acuerdo semejante, es probable que nadie se proclame triunfador absoluto, pero a cambio ambos podrán salir del conflicto con su dignidad intacta.

Cómo resolver una pelea sin poner en peligro la relación

¡Sí!

- Utiliza la cabeza más que las emociones, aunque hayan sido éstas las que iniciaron el conflicto, lo que es frecuente, por ejemplo, cuando el problema ha sido provocado por celos.
- Escucha a tu pareja aunque no estés de acuerdo con su opinión. No reacciones violentamente ante sus palabras, medita sobre ellas e intenta comprender su punto de vista.
- Defiende tus propios sentimientos y opiniones sin hacer alusión a lo que te ha dicho Fulano u opina Mengano.
- Admite que no conoces todas las respuestas y que a veces te equivocas. Analiza si tu equivocación perjudica directamente a alguien o sólo a ti mismo.
- Expresa lo que sientes y no lo que opinas; por ejemplo, «Me duele que me hables de esa forma» en lugar de «No tienes razón. Sólo un bestia como tú puede hablar así».
- Omite cualquier alusión a un problema del pasado, que sacas a relucir porque deseas aportar pruebas que demuestren lo mala persona que es tu pareja y cuánta razón tienes tú.
- Olvida el chantaje emocional como «Más vale que pienses en lo que te acabo de decir si quieres que siga a tu lado», o el

simulacro de martirio: «Con todo lo que yo he hecho por ti»... Sólo conseguirás inundar de reproches a tu pareja y no solucionarás el problema.

• Resuelve el conflicto enseguida, no lo dejes pendiente con la esperanza de que el tiempo acabará por solucionarlo, cosa que casi nunca ocurre.

¡No!

• No creas que estás en posesión de la verdad, que en vuestra unión eres la única persona capaz de hacerlo todo correctamente, cosa que puede estar sucediendo cuando tiene lugar algo de lo que viene a continuación:

• No utilices el insulto y la crítica: «Eres tan ignorante que ni siquiera sabes hacer bien lo más elemental, como una tortilla de patatas, por ejemplo.» Esto incluye todo tipo de comentarios sexistas: «No me sorprenden las tonterías que haces. Eres una mujer, ¿no?»

• No trates a tu pareja como a un hijo: «No deberías hacer esto, lo otro o lo de más allá.» «Deberías llamar a tu madre.» «Deberías llegar más puntual a tu trabajo.»

• No demuestres que posees la llave del conocimiento total: «Realmente, ese trabajo que tienes es muy poco gratificante. Tu amigo X es un cretino mental que te está haciendo mucho daño.»

• No dejes de admitir tus errores o trates de minimizarlos con comentarios parecidos a: «Yo jamás dije eso, y, si lo dije, deberías saber que me refería a otra cosa.»

• No recuerdes con frecuencia a tu pareja lo mucho que se equivoca y cuánta razón tienes tú: «Ya te lo advertí.»

• No pienses en ganar o perder, sino en resolver el problema.

• No desplaces el enfado. Concéntrate en el punto que quieres resolver. Por ejemplo:

> *Ella*: Dijiste que este fin de semana me enseñarías a manejar el ordenador.
> *Él*: Prefiero que te enseñen en una academia
> *Ella*: No quiero un profesor. Quiero aprender de ti, quiero estar contigo.
> *Él*: ¡Está bien!, no iré al fútbol y te llevaré de excursión.
> *Ella*: Eso no resuelve mi problema con el ordenador, ¿es que no te importo, o qué?

Podrían continuar así el resto de su vida sin que ninguno de los dos se concentre en lo que desea: aprender informática, pasar el fin de semana juntos, ir al fútbol con los amigos, emplear el fin de semana en algo más divertido que la informática...

Un requisito fundamental: ser flexible

Sea cual sea la educación que hemos recibido o el panorama que haya envuelto nuestra infancia, ningún comportamiento surgido de ellos es inamovible o fijo cuando tenemos voluntad de cambiar. Las programaciones emocionales pueden modificarse en función de las metas que pretendemos alcanzar, y gracias a ello el ser humano evoluciona y progresa hacia un estado más satisfactorio y mejor. Gozamos de libertad para poder elegir quién queremos ser y a dónde deseamos llegar, y a pesar de las muchas dificultades que todo cambio lleva implícito, somos capaces de tornear nuestro comportamiento hasta hacerlo digno del objetivo soñado.

En la relación amorosa resulta fundamental esta condición adaptativa, flexible, que nos inclina hacia la apertura y comprensión del ser amado, dispuesta a la modificación de defectos, a romper la inercia interna que nos ciega.

Gracias a la flexibilidad de carácter, percibimos y disfrutamos de lo que es diferente a nosotros, aprendemos a integrar nuevos conceptos en nuestra vida, respetamos más a nuestra pareja y nos hacemos solidarios con ella. La persona flexible es menos puntillosa y más transigente, carece de ideas preconcebidas sobre la manera en que deben ocurrir las cosas y suele tener conciencia del valor total de su relación amorosa, por lo que no se pierde en detalles insignificantes ni hace de ellos un mundo si éstos no contribuyen al bien de su amor por la otra persona.

La relación armónica induce a pensar que la pareja siempre estará disponible

Si la convivencia fluye cómodamente, apenas surge el conflicto amargo y se disfruta de un sexo razonable, puede ocurrir que ambos amantes, con el tiempo, dejen de apreciar lo que tienen, se relajen y olviden mimar su relación.

Con el tiempo, comienzan a pensar que el otro está encantado de cocinar todas las noches, que no le importa renunciar a sus amigos para salir siempre con los de su pareja, que le da igual ocuparse sistemáticamente de esto o aquello, y que ya se ha acostumbrado a encontrar el tubo de la pasta dentífrica sin cerrar, su cuchilla de afeitar usada por otra persona, o el ajuar de zapatos de su pareja repartidos por la casa. A pesar de todo, «Me quiere y sabe que le quiero».

Es fácil acostumbrarse a las virtudes de la pareja: su ternura, sus atenciones, sus ganas de ayudar, su cercanía..., y también resulta fácil dejar de apreciarlas como tales. Si no tenemos un poco de cuidado, en lugar de agradecer las cosas buenas que la otra persona nos proporciona, las tomamos como un derecho adquirido, olvidamos que son un regalo, fruto del esfuerzo, de su devoción hacia nosotros, y que cualquier día pueden desaparecer.

SÍNTOMAS DE ALARMA DE UNA PAREJA «RELAJADA»
— ¿Dedicas más tiempo del necesario a tu trabajo, la casa y los niños, robándole horas a tu relación sentimental? — ¿Necesitas recurrir a la compañía de amigos cuando estás con tu pareja los fines de semana, en vacaciones...? — Cuando regresas a casa después del trabajo, ¿lo haces con apatía? — ¿Sigues cuidando tu aspecto, vestuario y modales como al principio de vuestra relación? — ¿Contestas al teléfono cuando estás cenando o durante un rato íntimo? — ¿Has empezado a tratar a tu pareja más como camarada que como amante? — ¿Has dejado de compartir aficiones, deportes, etc., con tu pareja? — ¿Asumes lo que le gusta/desagrada a tu pareja sin confirmarlo con ella? — ¿Crees que no es importante recordar y manifestar todos los días cuánto le/la quieres? — ¿Crees que no hace falta dar las gracias y ser amable en el trato?

Casi todas las relaciones pueden caer antes o después en alguna de estas trampas, aunque el riesgo aumenta con el tiempo o también cuando uno de los amantes proporciona más cuidados y detalles que el otro. Este último, entonces, se relaja y deja de esforzarse, no muestra especial consideración por el otro ni se molesta en incluir gestos de afecto o agradecimiento por todo lo que recibe.

TERCERA PARTE
Fuego en el cuerpo

VIII. La pasión sexual

En cuestiones de sexo los hombres actuamos igual que los bomberos: estamos listos en un instante, independientemente de dónde nos encontremos o de lo que tengamos entre manos. Las mujeres, en cambio, son como el fuego. Sólo crecen y dan calor cuando la colocación de los elementos es perfecta.

El amor y el erotismo están íntimamente ligados, y no pueden sobrevivir el uno sin el otro cuando se anhela una fusión única, completa, satisfactoria y duradera con el ser amado. La razón es sencilla: hacer el amor no siempre es un acto de amor.

El encuentro sexual desprovisto de cariño, huérfano de afecto, es repentino, espontáneo, vigoroso, resuelve el apetito físico, alivia una tensión insoportable, pero también es breve, transitorio y efímero. La cópula entre dos personas crea, momentáneamente, la ilusión de un vínculo afectivo, pero cuando no hay amor, esta ilusión se esfuma una vez que concluye el encuentro de los cuerpos.

El acto de amor, por el contrario, va más allá de la necesidad meramente biológica; se nutre de actitudes internas, rocía el impulso sexual con ilusión, afabilidad, comprensión, responsabilidad, afán de entrega, templanza y fidelidad. Mientras el sexo sin amor es irreflexivo, voraz y súbito; el sexo con amor no entiende de prisas ni comprende las urgencias, únicamente sabe que necesita tiempo, disposición, voluntad, esfuerzo, mutuo acuerdo y proximidad mental o emocional entre los miembros de la pareja.

Resulta curioso que el hombre y la mujer gasten tanta energía y hagan tales esfuerzos a la hora de seducir a su pareja, pero, una vez que han conseguido su propósito, se relajan, asumen que la atracción está garantizada y, en muchos casos, olvidan reforzar el erotismo de su unión. Sin embargo, todos los especialistas aseguran que en las relaciones sexuales importa más la calidad que la cantidad, que el encuentro de los cuerpos exige renovación, riqueza de matices, creatividad, y que sólo con la necesaria dedicación se consigue otorgar pujanza, vigor y dimensión al vínculo afectivo de los amantes.

LOS ASPECTOS ESENCIALES DE UNA RELACIÓN AMOROSA Y DE LAS RELACIONES SEXUALES

- En el vínculo amoroso, la buena relación sexual contribuye a marcar la diferencia entre «Quiero a mi pareja» y «Estoy locamente enamorado/a de mi pareja».
- El juego sexual no siempre culmina con la obtención de un orgasmo. La experiencia abarca cualquier tipo de intimidad física que se comparte con alguien a quien se ama: bañarse juntos, un masaje, besarse, o tocarse. A veces no es necesario llegar más lejos.
- La satisfacción sexual de la pareja se consigue con voluntad, esfuerzo y tiempo. Los amantes deben buscar una armonía sexual creativa, y han de tomar conciencia de la diferente respuesta erótica de su pareja con el fin de conocerla mejor y de incentivar la fusión total entre ambos.

• El problema sexual que afecta a uno de los amantes es un problema a resolver por ambos.

• La disposición, la atracción y el frenesí iniciales no suelen mantener la misma intensidad eternamente, como describe el humorista Bill Cosby al hablar de su matrimonio:

> En los primeros tiempos de matrimonio, Camille solía dormir con la espalda apoyada contra mí y yo a menudo le ponía una pierna encima. En aquellos días cualquier postura por extraña que fuera era sólo un encantador enredo. Ella podía decir: «Me encanta sentir tu rodilla en mi ingle.» «¿Te importaría apretar la otra contra mis riñones?...»
>
> ¡Qué románticas son estas contorsiones matrimoniales iniciales que tan felizmente te retuercen! De todas formas, al cabo de quince años... inquiere la amada: «¿Eso que tengo encima es tu pierna?» Al cabo de los quince años de casados, ya no poseíamos aquella misma sincronía. Y hoy, ella se gira hacia mí y me dice: «Oye, tú, es hora de dormir...» [1]

Con el tiempo, la pareja puede dejar de hacer el amor o lo hace de una forma mecánica y exenta de pasión. Para incrementar la excitación mutua, es necesario que ambos estén dispuestos a trabajar este aspecto de su relación. Muchas personas no tienen problemas para admitir que necesitan ayuda económica, pero a casi todo el mundo le cuesta reconocer que necesita un empuje para continuar siendo buen amante de su pareja habitual. Es importante prestar atención a los síntomas de alarma e intentar un cambio tan pronto como aparezca alguno. Aunque a veces puede tratarse de un trastorno pasajero, en la mayoría de los casos la conducta se torna en hábito que termina por convertir el placer sexual en un recuerdo del pasado.

[1] Bill Cosby, *Cásate y verás*, Ediciones B, Barcelona, 1996.

SÍNTOMAS DE ALARMA DE UNA PAREJA EN CRISIS SEXUAL

— Tu pareja te excita notoriamente menos que antes y viceversa.
— Se produce un cambio importante en tu vida, como el nacimiento de un hijo, traslado profesional, una crisis económica, etc., que provoca una importante disminución del apetito sexual de uno de los amantes.
— Uno de los miembros adquiere la costumbre de arrastrar los enfados al dormitorio.
— Uno de los amantes muestra repentinamente un comportamiento insólito que antes no exhibía; por ejemplo, se excita sólo cuando incluye en el acto algún tipo de conducta fetichista, películas pornográficas..., sin que su pareja esté de acuerdo con esta práctica.
— Uno de los dos se excita obligando a su pareja a realizar actos que para el otro resultan humillantes.
— Uno de los dos no puede hacer el amor sin haber bebido alcohol o consumido drogas.
— Uno de los dos sufre una anomalía sexual que inhibe su deseo: impotencia, anorgasmia, eyaculación precoz...
— La energía sexual que no se obtiene con la pareja se intenta encontrar fuera de ella; por ejemplo, uno de los amantes se convierte en consumidor compulsivo de pornografía, mira con avidez los cuerpos de otras personas del sexo contrario, necesita hacer el amor constantemente con personas distintas...
— Existe una diferencia preocupante en la cantidad de sexo que cada uno desea.

LAS REACCIONES ERÓTICAS DE LA MUJER

Lo que hay que tener en cuenta

- Casi todos los problemas sexuales tienen arreglo.
- La psicología femenina condiciona la apetencia sexual: la mayoría de las mujeres no disfrutan del sexo cuando carecen de afinidad mental y emocional con su amante.

- La sensibilidad táctil femenina es muy superior a la masculina. Según los expertos, la mujer más insensible consigue superar con creces al hombre más sensible.
- Las mujeres pueden disfrutar de más orgasmos que el hombre durante el acto sexual.
- Aunque sea inexperta, la mujer se adapta bien a la manera de proceder masculina. Sin embargo, el hombre novato se mueve con torpeza, besa espachurrando los labios, toca como si quisiera estrangular a su pareja, y bloquea el ritmo de la escena.
- La mujer aprecia enormemente las caricias *diferentes* y los besos atípicos; por ejemplo, el beso profundo que recorre con suavidad la palma de la mano, un beso en la nuca, y en el dedo gordo del pie o pasar la lengua por el rabillo de su ojo.
- La manera de acariciar al hombre suele delatar a menudo cómo le gustaría a la mujer que la acariciaran.
- El orgasmo no constituye el punto culminante y más satisfactorio del sexo: para muchas mujeres, el despegue y el vuelo son mejores que el aterrizaje, como indica el siguiente testimonio femenino.

> Creo que un buen amante es aquel que tiene magia en la yema de los dedos, alguien que sabe estimular mi sensualidad mucho antes de llegar al final. Conoce los nervios que recorren mis brazos, mis piernas y mi cuerpo. Estudia mis reacciones, las contempla, las respeta, las realza. Me descubre sensibilidades nuevas al besarme en los párpados o en el hueco de la palma de mi mano, cuando me rasca detrás de las rodillas o sopla en mi ombligo. Simplemente conoce el tipo de toque erótico que me conmueve, sin que yo se lo tenga que decir. Vacía mi resistencia, me deja enloquecer, olvidar quién soy y cómo me llamo... Y todo ello mucho, mucho antes de introducirse en mi cuerpo.

• La mujer que no ha tenido una relación sexual desde hace tiempo, generalmente necesita un preámbulo muy largo, con profusión de tocamientos, besos y caricias que despierten la sensualidad de su cuerpo antes de iniciar el coito.

• Hacer el amor sin introducir variantes termina resultando muy aburrido y precipita el ocaso de la pasión.

> Quise hacer un esfuerzo heroico para mejorar mis relaciones sexuales, así que me compré no sé cuántos manuales de autoayuda del tipo *Cómo ser mejor amante* y obras por el estilo. Todas me decían, más o menos, que debía realizar proezas increíbles, como, por ejemplo, desnudar a mi hombre con una sola mano mientras le acariciaba con la otra. También insistían mucho en que me tenía que comprar ropa interior provocativa y que debía exhibirla baileteando como en los clubs de chicas. Incluso llegué a leer que era conveniente darle salmón ahumado para cenar. Por lo visto la textura tersa, suave y rosa del salmón se parece bastante a la del muslo desnudo de una mujer, y eso les encanta a los hombres. De todas estas indicaciones, sólo he puesto en práctica la del salmón, y te aseguro que no funciona... Al menos en mi caso.

• La mujer necesita un clima seguro e íntimo para hacer el amor. La posibilidad de que alguien pueda escucharla, estorbarla o sorprenderla, suele bloquearla por completo. Esta característica adquiere especial importancia cuando la pareja tiene niños, ya que ella permanecerá tensa, vigilante y poco dispuesta a relajarse hasta que esté segura de que no van a interrumpirla.

> No entiendo cómo se las arreglan algunos matrimonios para hacer el amor cuando tienen niños pequeños. Yo, por ejemplo, recurro a la televisión. Me da igual si me critican por ello. La televisión, y sólo ella, es la única que me garantiza una hora de relax sexual el domingo por la mañana.

• Con el tiempo, esta conducta puede convertirse en hábito. La mujer entonces tiene dificultades para abandonarse totalmente, permanece atenta a cualquier cosa que se mueva, cierra las cortinas con obsesión, ahoga cualquier grito o susurro de placer y no consigue eludir el temor a ser descubierta durante el intercambio amoroso.

• El ciclo menstrual influye en la capacidad para gozar sexualmente. En general, las dos semanas que siguen al periodo son muy sensibles; durante la tercera semana es habitual que la mujer se encuentre cansada y apática; mientras que los días que preceden a la menstruación pueden proporcionar una excitación sensacional.

Aunque este patrón es mayoritario, no todas las mujeres responden a él de la misma forma. Por este motivo los expertos recomiendan hacer un *diario menstrual* durante dos o tres meses seguidos. En él se deben anotar todas las sensaciones físicas, el nivel de agotamiento o energía, los días de mayor sensualidad y también aquellos en los que se prefiere ver la televisión. Así, la mujer podrá reconocer los momentos en que su cuerpo está preparado para recibir caricias y por qué algunas veces éstas se parecen a un beso de terciopelo mientras otras veces duelen como un mordisco.

• El nacimiento de un hijo condiciona las relaciones sexuales de la madre. Antes tener un bebé, la pareja disponía de tiempo y libertad para entregarse mutuamente ternura, dedicación y afecto. Sin embargo, la llegada del hijo al mundo acapara toda la atención física, mental y emocional de la mujer. El bebé necesita gran cantidad de cuidados y toda la ternura que la madre es capaz de ofrecer. Puesto que ella responde a esta demanda y se entrega en cuerpo y alma a su niño durante veinticuatro horas al día, normalmente le queda poca energía que dedicar a su pareja. En esta situación es frecuente que el hombre se sienta desplazado, ausente, privado de unas atenciones de las que antes disfrutaba y que ahora le han sido arrebatadas por su propio hijo. Tras la alegría inicial, el hombre percibe que no hay sitio para él en esa comunión única, de una pujanza que todo lo arrolla, y que se establece entre madre e hijo.

A medida que transcurre el tiempo, el bebé deja de necesitar permanente vigilancia, sus horas de sueño coinciden con las de la madre, y ésta puede permitirse un respiro. La mujer recupera poco a poco la armonía afectiva que tenía con su pareja antes del parto, y juntos pueden renovar viejas pasiones que ella olvidó, temporalmente, con la llegada al mundo de su hijo.

Si te esfuerzas en conocer tu cuerpo, probablemente conseguirás sentirte cómoda, guapa y sexy dentro de él. La actitud, aceptación y valoración que te merezca determinará la calidad y el estilo de tus relaciones sexuales; te sentirás cómplice de tu amante y no su rival, desterrarás con mayor facilidad el sentimiento de vergüenza y culpabilidad, utilizarás la pasión para sentir placer sin dolor.

¡Quiérete un poco!

Los terapeutas aseguran que si aprendes a mimarte conseguirás amar mejor a tu pareja, te resultará más sencillo esquivar las inhibiciones y alcanzarás con más facilidad todo tipo de sensaciones placenteras. Al parecer, las mujeres nos podemos permitir ser egoístas en el terreno sexual. Cuando disfrutamos, conseguimos que nuestro amante disfrute; y ésta es una ventaja que no se produce necesariamente a la inversa. Así que toma nota y quiérete un poco poniendo en práctica alguna de las siguientes ideas.

- Explica a tu pareja cómo y dónde quieres que te toque. Le resultará muy difícil adivinar lo que deseas sin tu ayuda.
- Acaríciate.
- Cuida tu cuerpo, tu cara y tu pelo.
- Algunas mujeres se quejan de que nunca han sentido un orgasmo con su pareja. Cuando se les pregunta si han sido capaces de sentirlo por su cuenta, confirman que nunca lo han intentado. Estas mujeres dependen de su amante para descubrir el placer de un orgasmo, aunque la mayor parte de las veces son incapaces de explicar qué caricia enciende mejor su ardor. Los terapeutas aconsejan descubrir el orgasmo mediante tocamientos personales, es decir, a través de la masturbación. Si puedes enloquecer masturbándote, puedes enloquecer con tu pareja. Únicamente debes aprender un poco más acerca de tu propio cuerpo; es hora de estudiar tus reacciones, de conocer dónde se te eriza el pelo cuando pones un dedo aquí y otro allá...
- Haz el amor sólo cuando te apetezca.
- Mírate al espejo.
- Usa ropa interior agradable al tacto y a la vista.
- Habla de sexo con tu pareja.
- Dedica un tiempo a tus propias aficiones.
- Utiliza ropa favorecedora. Los expertos aseguran que el atuendo hace milagros en tu estado de ánimo. Los tacones y la ropa ajustada pueden conseguir que te muevas mejor de lo que nunca habías soñado.
- Aprende algunos ejercicios de relajación que, además de combatir los «malos humos», te ayudan a liberar tensiones y a prepararte bien para disfrutar del amor. Una de las técnicas más eficaces y sencillas es la de Jacobson, también llamada *técnica de relajación progresiva*. Consiste en tensar y soltar grupos de músculos por turnos mientras respiras de una forma lenta y profunda. Puedes hacerlo mientras estás tumbada o sentada,

con los ojos abiertos o cerrados. Cuanta más práctica tengas, menos tiempo necesitarás para conseguir una relajación total, sin que importe demasiado el lugar en el que te encuentras en ese momento.

> En mi opinión, los panfletos sobre placeres sexuales sólo han conseguido hacer del sexo una práctica mortificante. Por ejemplo, el otro día «mi chico» se tragó 289 páginas de instrucciones para lograr orgasmos bestiales. Una de ellas explicaba que era esencial meterse en una sauna. Así que nos desnudamos y entramos en aquella habitación de madera de dos metros cuadrados. Me parecía profundamente conmovedor observar el inmenso sacrificio que ambos estábamos haciendo por amor.
>
> Al cabo de 7 minutos y con una temperatura de 80 grados, los ojos me empezaron a dar vueltas en las órbitas. «Querido, ¡no puedo más!», dije sin aliento. «No te preocupes», contestó él: «Ya verás», y se largó de ese infierno para ir a buscar un par de litros de helado de vainilla con el que decidió embadurnarme el cuerpo. No tuve más remedio que emplear «mis técnicas de relajación» para reprimir el insulto más cruel que un ser humano pueda jamás pronunciar.

Es muy raro, y quizá imposible, encontrar dos amantes para quienes el sexo represente exactamente lo mismo y lo disfruten de idéntica forma. En el intercambio sexual intervienen *dos* personas que disfrutan de *dos* experiencias independientes; así que saborea la tuya todo lo que puedas. Luego, por supuesto, muéstrate entrañable, como si estuvieras en el paraíso, y no esperes que él te explique cómo se ha sentido ni qué tal le ha parecido. A los hombres les suele costar trabajo describir con educación y delicadeza sus impresiones amatorias, ya que, por regla general, hablan de sexo con sus amigotes en términos más bien vulgares.

La respuesta sexual humana se divide en cuatro escenarios o fases: excitación (o deseo), meseta, orgasmo y resolución. Lo más interesante del tema radica en que podemos disfrutar de cada uno por separado y con distinta intensidad; es posible que tiembles de deseo, pero justo en el momento en que tocas la piel de tu pareja te invada una indómita angustia que te deja paralizado/a. Asimismo, puede ocurrir que la sola visión de tu amado te deje electrizado/a, continúes encendido/a durante el juego erótico, pero no consigas el orgasmo que tenías previsto; o que no te entusiasme demasiado lo que ves, ni lo que haces, y, sin saber cómo, te encuentras en las puertas del éxtasis total. Por supuesto, también puede suceder que el episodio sexual completo, desde el inicio del deseo hasta la resolución final, te dejen plenamente satisfecho/a.

Estas variantes son normales, es decir, un día haces el amor y encuentras que estás viviendo una situación distinta de la que viviste ayer con el mismo amante. Lo que no resulta tan normal es que *las dos primeras* se reproduzcan de forma sistemática. Según los expertos, la repetición tenaz de uno de estos patrones de conducta induce al enfriamiento sexual y hace que el afectado termine esquivando las oportunidades de contacto físico.

El deseo sexual

El deseo sexual se origina con uno o mil detalles que encienden una mecha en tu cuerpo: la escena de un beso, mirar por el ojo de la cerradura, la tersura de la piel, el olor de un perfume, el ruido de las olas, la luz de la luna, una música, un cuadro o el simple recuerdo de una caricia antigua. La excitación surge de pronto, no exige la visión real de la persona amada, aunque hay mujeres que sólo consiguen hacerlo florecer cuando están frente a su pareja.

La pasión erótica de los amantes se incrementa de una forma extraordinaria cuando son capaces de retrasar el coito y prolongan la *sensualidad* del encuentro. La estimulación erótica se ciñe exclusivamente al placer de los órganos genitales, produce una reacción instintiva, automática, previsible, proclive a la repetición y de limitada duración. Sin embargo, la sensualidad es producto de la mente, es decir, del mejor afrodisíaco de todos. A través de la imaginación los amantes introducen experiencias nuevas, ensayan todo un mundo de sensaciones imprevistas que envuelven y adornan el contacto de los cuerpos. Se trata de un arranque creativo, duradero, innovador, afectivo y que además puede educarse o desarrollarse.

Motivos que explican la falta de deseo sexual

Los expertos dividen la ausencia de deseo en dos categorías. Una de ellas engloba la privación *total* de apetencia sexual, cuyo origen suele hallarse en un profundo disturbio emocional o neurológico. El otro grupo, más numeroso que el anterior, abarca todos los casos de inhibición *selectiva*: la persona es capaz de disfrutar de una relación sexual *sólo* con una pareja determinada y en situaciones muy concretas. Dentro de esta categoría también entra quien nunca inicia el contacto sexual, pero responde adecuadamente a los avances de la pareja. Las causas que pueden afectar al deseo sexual son:

1. Inhibición por razones psicológicas.
2. Inhibición por razones físicas.
3. Inhibición por otras causas.

1. Inhibición por razones psicológicas

La persona padece altas dosis de angustia mal canalizada que le hacen imposible alcanzar el orgasmo durante el coito, o incluso disfrutar debidamente de las caricias o de cualquier gesto preparatorio. Algunos motivos que desencadenan este tipo de tensión quizás estén relacionados con:

— *Complejos de inferioridad*, cuya causa sea algún defecto físico que resta belleza al cuerpo: gordura, verrugas, cicatrices, vello... Como es lógico, la persona que no se gusta a sí misma suele tener muchas dificultades para mostrar su cuerpo desnudo ante un amante.

— *Falta de experiencia en relaciones sexuales.* Cuando la mujer no tiene suficiente experiencia y se une a un hombre más aventajado en este terreno, puede ocurrir que las ganas de aventura de éste consigan intimidarla, hacer que se sienta presionada y obligada a realizar un acto para el que no está preparada y que no le gusta.

También el hombre inexperto puede bloquear cualquier tentativa sensual femenina por culpa de sus movimientos torpes, sus besos despachurrados, la pesadez con que se desliza sobre el cuerpo femenino, los abrazos con demasiada fuerza o la falta de delicadeza.

— *Dificultad para concentrarse en el acto sexual.* Algunas mujeres no pueden separar su cuerpo de la mente, tienen dificultades para relajarse adecuadamente y para comportarse de forma espontánea, son incapaces de ignorar ruidos, no «desconectan» de problemas cotidianos con el trabajo, la familia... Aunque el cuerpo tenga necesidad de una relación, su mente necesita saber que ese hombre es el adecuado y que la situación es propicia. Con frecuencia encuentran múltiples excusas que les impiden lograr el clima de intimidad necesario para el goce sexual.

— *Presión ambiental.* Cuando dos personas jóvenes y enamoradas deciden convivir, han de enfrentarse a una serie de acontecimientos que invaden sus vidas y las cambian radicalmente. Es posible que tengan que luchar para lograr cierto asentamiento profesional, deseen comprar una casa o adquirir un alto bienestar económico. La vorágine ambiental, el trepidante ritmo de su progreso, contribuyen sin duda a su crecimiento personal..., pero a cambio consumen gran cantidad de tiempo y energía para dedicarlo a *cosas o actividades que se pueden dejar para más adelante.* De este modo la pareja vive su relación sexual con los restos del entusiasmo por el cual ambos decidieron unirse y, aunque cada vez les queda un poco menos, no sienten la necesidad ni la urgencia de trabajar este aspecto.

Así, dejan que su pasión erótica agonice cada día un poco más; su lenguaje corporal se vuelve rutinario, aburrido, y tan fácilmente previsible que leer un buen libro, ver la televisión o quedarse hasta las once de la noche en la oficina les resulta más apasionante.

— *Estrés.* Esta palabra es un término prestado del inglés, y concretamente del uso que tiene en metalurgia. Describe la sobrecarga de fuerza, peso o tensión que aguanta un metal antes de romperse. Algo similar ocurre con los seres humanos. El hombre es cuerpo y espíritu, y en ambos terrenos puede ser víctima de cargamento lesivo.

La imagen que de forma instintiva asociamos a la palabra *estrés* es la de un ejecutivo que intenta responder a cinco teléfonos que suenan al mismo tiempo. Sin embargo, el estrés afecta a todas las personas con exceso de responsabilidades, intenso trabajo y fatiga psíquica; es decir, padece estrés el joven estudiante en plena época de exámenes finales, el hombre o la mujer con angustia laboral y también el ama de casa que no descansa lo bastante.

El mordisco del estrés no sólo produce alteraciones emocionales. También ocasiona trastornos fisiológicos: se perturba la producción de insulina, la mujer tiene desarreglos menstruales, los huesos pierden calcio, la persona es más proclive a la hipertensión y además el estrés altera el nivel de adrenalina y el funcionamiento de las hormonas sexuales.

Con este panorama no resulta extraño que el afectado se muestre nervioso, extraordinariamente cansado, tenga dificultades para concentrarse, para digerir los alimentos o relajarse de forma adecuada. Todo ello, por supuesto, incide directamente en el nivel de rendimiento sexual, intelectual, emocional y físico.

— *Acontecimiento del pasado* que uno de los miembros de la pareja no es capaz de olvidar. En esta categoría entra toda la gama de aventuras sexuales que se produjeron en un momento crítico. Por ejemplo, ambos miembros de la pareja creen haber superado la infidelidad que la mujer cometió cuando, años atrás, el hombre prestaba más atención a su trabajo que a ella. Sin embargo cada vez que se presenta algún tipo de presión laboral, él teme que la mujer vuelva a ser infiel y durante ese periodo de tiempo se siente incapaz de mantener una relación sexual satisfactoria con ella.

— *Trauma psíquico* ocasionado por alguna experiencia nefasta dentro de la esfera sexual.

— *Trauma tras una operación quirúrgica,* en especial la que se practica en los órganos genitales masculinos, el sistema reproductor femenino (*histerectomía*), o en el pecho. Por lo general se trata de un trastorno transitorio que, en casos persistentes, se corrige con una terapia adecuada.

— *Problemas de fertilidad.* Cuando la mujer tiene serias dificultades para concebir, la relación sexual se hace *obligatoria,* adquiere un sentido exclusivamente práctico, orientado a un objetivo muy concreto en el que la importancia del goce es secundaria. Tras meses o años de tomarse la temperatura vaginal, mirar el calendario, hacer el amor sólo en los días que el médico indica, la relación sexual pierde el halo de romanticismo y se nutre exclusivamente de:

—Venga, Pepe, que hoy toca.
—Es que estoy cansado.
—Pues te aguantas, porque hoy toca.

— *Control de natalidad.* Algunas mujeres encuentran muy difícil emborracharse de placer sexual, cuando no pueden dejar de pensar en si su dispositivo intrauterino (DIU) se habrá pasado de fecha, si ocho años de píldora son demasiados o en cuánto enfrían los preservativos o diafragmas.

2. Inhibición por razones físicas

Algunas personas no valoran hasta qué punto puede afectar la salud o ciertos condicionantes físicos a su vida sexual. En la mayoría de los casos, el problema crece tan despacio, que la pareja atribuye la causa a todo excepto a razones meramente corporales. La pérdida de arrojo sexual por razones de tipo fisiológico puede tener el siguiente origen:

— *Orgánica.* Malformaciones o inflamaciones urogenitales que producen un coito doloroso, inhibidor de las sensaciones placenteras y del orgasmo.

— *Incompatibilidad corporal.* Aunque suene a broma, lo cierto es que los cuerpos de algunas parejas simplemente no encajan bien. En las consultas terapéuticas no es raro escuchar a mujeres quejándose del excesivo o del escaso volumen de sus amantes. El atributo demasiado grande ocasiona una cópula dolorosa, mientras que el exiguo apenas produce sensación alguna. El problema hace que los amantes no consigan relajarse ni disfrutar de su experiencia a no ser que pidan ayuda a un especialista que les enseñe a adaptar su físico a una conducta sexual satisfactoria.

— *Hormonal.* Los científicos han descubierto recientemente la importancia de la testosterona en el comportamiento sexual femenino, ya que se trata de una hormona que despierta el ardor sexual, aumenta la sensibilidad de los genitales e intensifica la experiencia orgásmica.

Aunque la testosterona es una hormona fundamentalmente masculina, la mujer también segrega una cantidad, además de estrógenos, progesterona y otras cuantas de menor fama. Si el ciclo hormonal funciona como debe, la respuesta sexual tiene muchas probabilidades de hacerlo también.

Sin embargo, cualquier ligera complicación o el más leve tropiezo del ciclo hormonal consiguen afectar el nivel de testosterona hasta aniquilarlo, y como resultado la mujer padece un serio embotamiento sexual. Por este motivo, algunos médicos recetan un tratamiento a base de testosterona a las pacientes que acuden a su consulta con quejas de frigidez. No siempre es adecuado hacerlo, ya que en la apatía sexual intervienen con más frecuencia factores de tipo psicológico que hormonal; y si la afectada ingiere más testosterona de la que necesita, sólo conseguirá añadir una tupida barba a su frigidez no resuelta.

— *Químico.* En este ámbito intervienen los fármacos o medicinas que comúnmente se prescriben para combatir alergias, gripes y dolores de todo tipo, y que actúan como inhibidores de la libido. Entre ellos cabe destacar: los antidepresivos, los ansiolíticos y algunas drogas de las llamadas *sintéticas*.

3. Inhibición por otras causas

Como ejemplo ilustrativo es útil el siguiente testimonio masculino:

> Si la mujer tiene un cuerpo de esos que quitan el hipo, seguro que le encanta que la desnudes totalmente antes de ir a la cama. Eso tiene sus inconvenientes, no creas. Cuando ella se tumba, respira fuerte, y dice «¡Aaaahhh!», no es porque tú lo estés haciendo bien, sino porque las sábanas están congeladas.

HABLAR DE SEXO

> Lo peor de hablar durante o después de hacer el amor es que la gente miente un montón. Por ejemplo, el hombre te suelta con toda la cara: «No hago esto muy a menudo, ¿sabes?», o «Sólo he estado con..., ¿a ver?, cuatro mujeres en toda mi vida». La mentira más grande de todas es cuando te dice: «Jamás he conocido a una mujer como tú.»
>
> Claro que... las mujeres también mentimos bastante. Respiramos a toda velocidad y jadeamos mucho para ver si cuela. Después de hacerlo decimos: «Ha sido maravilloso, querido. Eres fantástico.»

Aparte de los comentarios que surjan durante o después del acto sexual, algunas personas evitan hablar de sexo con su pareja, porque piensan que decir lo que se quiere y como se quiere ahuyenta el romanticismo y la sorpresa. Quizás suceda así en los comienzos de la relación; sin embargo, las parejas que se unen, también necesitan crecer, desarrollarse y *cambiar* en muchos terrenos, entre los que se incluye el sexual. Al cabo de tres años los amantes suelen estar hartos de eso que tanto les enloquecía al principio, o no consiguen evitar algún que otro bostezo cuando su pareja practica ese masaje que antes resultaba tan erótico.

Uno de los motivos por los que se omiten las alusiones acerca de cómo podría mejorarse el contacto sexual es porque la palabra *mejoría* implica que algo falla, y que la relación necesita un nuevo rumbo. En lugar de abordar el tema de una manera positiva, ambos amantes temen ser culpables de un rendimiento sexual pobre, no quieren enfrentarse a la visión de un fracaso, no desean reconocer su torpeza ni ofender a su compañero:

> ¿Cómo puedo decirle a X que cada vez que me pone la mano encima se me hiela la sangre? Es un hombre maravilloso, de verdad, y no deseo destrozarle. Si le contara que cuando me toca no siento nada, seguramente se enfadaría mucho, o se moriría de humillación, o peor aún, me echaría la culpa a mí, diría que soy frígida. Además, aunque le cuente la verdad, no creo que cambie. Seguro que para mejorar sale de casa y experimenta con otra.

En el testimonio anterior la mujer describe a un marido maravilloso con el que no habla, ni goza o se divierte, ni lo cree capaz de progresar como amante. No tiene pruebas que justifiquen su falta de confianza, ni tampoco las busca. Teme enfadarle, que él le reproche un problema de frigidez, o que se vaya con otra mujer. Ella no instiga un cambio, no le importa aburrirse; lo único que desea es no quedarse sola, no sentir culpa alguna y dejar que las cosas sigan como están.

Esta mujer tiene dos problemas fundamentales: el primero consiste en que no tiene valor para expresar su insatisfacción sexual; el segundo radica en que no sabe hacerlo de forma positiva y amable.

Hablar de sexo significa verbalizar el gusto por determinadas caricias, posturas o ambientes; pero, además, significa explicar que estás cansado/a, que te abruma un problema laboral del que no puedes desconectar o comentar con tu pareja cualquier otra razón por la que necesitas aplazar el contacto para mejor ocasión. También sirve para que los amantes encuentren soluciones, resuelvan conflictos, eviten sospechas innecesarias, alejen el resentimiento y la culpa.

Sin embargo, no todo el mundo sabe hablar de sexo eludiendo reproches, o encuentra la manera de decir «¡Basta!» de una forma positiva. Tampoco es capaz de pedir ayuda específica, o de solicitar un cambio sin cargar en el compañero toda la responsabilidad del mismo.

> —Si te digo la verdad, no me encuentro cómodo hablando con mi mujer de sexo. Me parece una situación demasiado forzada, poco natural. Quizá se deba a que soy tímido y no me gusta desenmascarar mi parte interna. Si tengo un problema sexual, el problema es mío y debo resolverlo yo solo. No me gusta explicarle a mi mujer dónde me tiene que tocar para ayudarme a solucionarlo.
>
> —Y, ¿se lo explicarías a una amante?
>
> —Sí. Una amante está para tocar donde la mujer no toca. Uno tiene una amante exclusivamente por razones sexuales. La situación es distinta, ¿comprendes?

La mayoría de la gente no tiene dificultades para enfrentarse de una forma directa a sus problemas laborales o cotidianos porque aprende a resolver asuntos observando cómo lo hacen sus padres y sus compañeros de trabajo. Sin embargo, no tenemos puntos de referencia que nos ayuden a ser directos en el terreno sexual. Por este motivo, cuando solicitamos un cambio de actitud sexual, generalmente conseguimos que nuestro cónyuge adopte una postura defensiva. No estamos habituados a reconocer que «la culpa es mía», ni sabemos tranquilizar a la pareja diciendo: «Yo no hago lo que debo porque no sé cómo hacerlo. Necesito que me ayudes a mejorar. Podríamos empezar probando...» Esta fórmula no hace daño a nadie y tiene más garantías de éxito que ninguna otra, aunque, por supuesto, siempre puede haber alguien que responda a esta demanda de su pareja con vagas promesas de mejoría en el futuro: «Lo que sucede es que ahora tenemos mucho trabajo en la oficina, todo cambiará el mes que viene, ya verás»; es decir, alguien que intente zanjar el asunto negándose a reconocer su responsabilidad en un fracaso evidente.

CULTIVAR EL ATRACTIVO INICIAL

Durante el transcurso de la vida en común ambos miembros de la pareja suelen renunciar a determinados aspectos de su personalidad que molestan a su compañero. Por ejemplo, ella deja de bailar el *rock and roll*, que tan bien se le daba cuando era soltera, porque su marido no soporta las discotecas; o él interrumpe la práctica de vuelo en ala delta, porque su mujer tiene mucho miedo de perderle para siempre, a pesar de que sabe volar sin correr ningún riesgo.

Aunque ambos hacen este tipo de sacrificios de manera voluntaria, tal vez esos atributos fuesen precisamente los que consiguieron enamorar al otro cuando se conocieron. Al principio, te gustó que él fuese tan intrépido y temerario, pero ahora le pides que aparque su osadía y vuelva a casa pronto para ayudarte a bañar a los niños. Él, por su parte, se moría de gusto al ver cómo te deslizabas por la pista de baile, y, en cambio, hoy te dice que bailar es una pérdida de tiempo. Sin embargo, quizá todavía se enciende tu pasión cuando recuerdas cómo se tiraba sin miedo por los aires; quizá él se entusiasme aún cada vez que evoca cómo se te levantaba la falda al bailar el *rock and roll*, es decir, quizás siga latente el motivo fundamental que prendió la llama de vuestra mutua atracción inicial y desencadenó el comienzo de la relación.

De esta forma, y posiblemente sin daros cuenta, al cabo del tiempo ambos opináis que vuestra pareja es menos interesante de lo que era al principio, echáis de menos la presencia de aquello que enarboló vuestro entusiasmo, no habéis encontrado una alternativa reemplazante, ni habéis aprendido a cambiar disfrutando del cambio... Y como consecuencia empezáis a abandonar el interés por mantener viva la llama de la pasión mutua. Posiblemente ella haya sustituido el camisón transparente que se ponía al principio por una camiseta vieja y grande; o él prefiera ir al gimnasio después de la oficina en lugar de regresar pronto a casa con su mujer. El dormitorio, que antes constituía un templo de pasión, ahora es un lugar de paso donde duerme el niño cuando ha vomitado, y se realiza el trabajo que no pudo terminarse en la oficina. Ahora que las cosas han cambiado, y que ambos tenéis *otras responsabilidades*, no se os ocurre pasar un día entero en la cama con el teléfono descolgado.

El atractivo inicial pudo ser apasionante, fácil y espontáneo, pero la gente cambia y la relación también. Por eso es de vital importancia que la pareja invente aventuras nuevas, aprenda a descubrir aspectos recónditos que constituyen una fuente de placer desconocida hasta la fecha, y se esfuerce por sorprender al otro. De lo contrario, la pasión mutua quedará anclada en un recuerdo del pasado.

No es posible pretender una intimidad sexual rica cuando ambos amantes ignoran que, con el tiempo, el atractivo sexual se esfuma, deja de ser espontáneo y, al igual que ocurre con otros aspectos de su unión, también necesita dedicación y esfuerzo. La persona del siguiente testimonio parece haberlo entendido bien:

> Creo que el sexo mejora con el tiempo. Durante el primer año te pasas todo el día averiguando cómo se hace. En el segundo año ya te puedes permitir disfrutar de lo que has averiguado.

ALGUNOS SECRETOS SOBRE LA SEXUALIDAD MASCULINA

Aunque las generalizaciones resultan peligrosas, cabe indicar que muchos hombres prefieren abordar el asunto del sexo cuando la situación propicia su lucimiento personal. Hay quienes presumen de sus conquistas o incluso se jactan sin recato de proezas eróticas, no obstante, la mayoría siente una cierta turbación cuando se ponen en evidencia sus detalles románticos. Los hombres, en general, no se sonrojan al ostentar virilidad, pero en cambio tienden a disimular su sensiblería y temen pasarse de la raya con las ternezas.

Las autoridades en el tema sexual afirman que a pesar de no reconocerlo, muchos hombres anhelan el sentimiento único que proporcionan las manifestaciones de cariño hacia la persona amada, con la que les gusta hablar y tener gestos románticos.

Además, les duele que la mujer rechace sus aproximaciones sexuales, temen que ella critique sus habilidades en la cama, les gusta el sexo oral no sólo por el placer que les proporciona sino sobre todo porque constituye una de las mejores pruebas de amor, aceptación y recibimiento; y además, según las autoridades, los hombres no están todo el día pensando en sexo.

A continuación, encontrarás un resumen de algunos secretos sobre la sexualidad masculina que ciertos autores y muchas revistas femeninas se han encargado de difundir a los cuatro vientos:

— A la mayoría de los hombres no les gusta perder el control durante el acto sexual.

— Generalmente, los hombres detestan la crítica sexual.

— Muchos hombres opinan que el sexo oral es la técnica más erótica y excitante de todas.

— La mayoría de los hombres quiere que la mujer disfrute del sexo tanto como ellos.

— Por lo general, a los hombres no les gusta la conversación durante el intercambio sexual.

— A muchos hombres les gusta recibir estímulos visuales como fuente de excitación importante.

— La mayoría de los hombres son más remilgados de lo que aparentan.

— A veces, a los hombres no les apetece hacer el amor.

— Y, además, habitualmente los hombres odian...

A la mayoría de los hombres no les gusta perder el control durante el acto sexual

Aunque no lo reconozcan, muchos hombres prefieren *elegir* lo que deben hacer antes de que ella les indique lo que *tienen* que hacer. No les gusta que la decisión sexual esté en manos de la mujer; no les agrada bajar la guardia durante el juego con su pareja; despliegan sus habilidades amatorias con la frase *la mujer es frígida cuando el hombre es incompetente* impresa en la mente; y después de hacer el amor se repliegan, mantienen una cierta distancia, reflexionan en privado acerca de lo bien o mal que se encuentran, y recuperan la compostura para borrar cualquier indicio que delate un exceso de emotividad. Sienten vergüenza cuando ella les atrapa en un lacrimoso desvarío, porque este comportamiento les parece más propio de mujeres. Así que, después de hacerlo, se recomponen, recobran el control y vuelven a ser ellos mismos, es decir, hombres.

Generalmente, los hombres detestan la crítica sexual

> No puedo soportar que mi mujer me haga responsable de su anorgasmia. La trato con dulzura, hago lo que me pide, paso mucho rato acariciándola como a ella le gusta... Pero siempre se las arregla para decirme que no lo estoy haciendo bien. Creo que me estoy volviendo impotente.

A excepción de los masoquistas, los hombres son muy sensibles al reproche sexual que pone en tela de juicio su virilidad y buen hacer. Así que cuando desees cambiar algo en la manera de proceder de tu pareja, utiliza *siempre* un lenguaje positivo: En lugar de lanzar una queja del tipo «¡Pero hombre!, ¿es que no ves que he puesto sábanas limpias?» inquiere el cambio con un comentario más agradable: «Querido, en las películas lo hacen delante de la chimenea/en el sofá/en la alfombra, ¿probamos?»

Muchos hombres opinan que el sexo oral es la técnica más erótica y excitante de todas

Puesto que la mayoría de las mujeres no disfruta del sexo oral más que con una pareja a la que verdaderamente aman, los hombres consideran este gesto como la prueba de amor más contundente que la mujer puede ofrecer. Sin embargo, las mujeres tienen que recordar que el sexo oral *jamás* ha de constituir un sublime sacrificio; que se debe practicar sin presión de ningún tipo, poco a poco y con extrema suavidad. Si ella no se siente demasiado segura, o no consigue superar el asco, es mejor que se concentre en otras técnicas sexuales. De lo contrario, lo más probable es que adopte una postura tensa, se ponga muy nerviosa, le den arcadas y *actúe mal*, es decir, haga un amago de vomitar cada dos segundos, succione el atributo como si estuviera ordeñando a una vaca, o lo rasque con los dientes.

Naturalmente, a ningún hombre le satisface observar cómo su mujer se inmola por él, ni por supuesto le gusta comprobar que produce tal repulsión, por tanto, el sexo oral sólo debe practicarse cuando la mujer esté preparada para ello.

La mayoría de los hombres quiere que la mujer disfrute del sexo tanto como ellos

Según William Masters y Virginia Johnson, «para garantizar el futuro de la raza, el hombre debe ser potente y orgásmico, mientras que la mujer únicamente tiene que estar disponible». La famosa frase de los gurús americanos de la sexología (que, por cierto, terminaron divorciándose) no suele hacer ninguna gracia a la mayoría de las mujeres, y, afortunadamente, tampoco parece convencer demasiado a algunos hombres. A ellos les gusta que la mujer sea receptiva a sus avances magistrales, pero prefieren que lo sea de una forma *activa*; es decir, los hombres desean que su mujer inicie el contacto a veces, que no tenga miedo del sexo, no sea tímida a la hora de pedir esto o lo de más allá, sea natural y espontánea, que alcance tantos orgasmos como pueda, conozca las reacciones del cuerpo masculino, y sepa acariciar algo más que sus genitales.

Por el contrario, los hombres detestan que la mujer sea pasiva y se deje hacer cualquier cosa. Aborrecen que ella finja, que ponga los ojos en blanco y diga «¡Oh, querido!, ¡casi enloquezco de pasión!» cuando en realidad ha estado contando los minutos que quedaban para terminar. Los hombres odian que su mujer siga el manual de instrucciones de una revista que la incita a exhibir posturas acrobáticas. Tampoco les gusta que ella les amase el cuello, mordisquee el dedo gordo del pie y les chupe el ombligo de una manera ficticia y con el único propósito de aparentar un éxtasis que en verdad no siente.

Por lo general, a los hombres no les gusta la conversación durante el intercambio sexual

> ¿Quién ha dicho a las mujeres que deben jadear de una forma tan extravagante mientras hacen el amor? ¿Quién les ha contado que es bueno gritar, lloriquear, ronronear, gemir, arañar, morder, y retorcerse de esa manera tan grotesca? ¿Quién les ha metido en la cabeza que deben explicar lo que sienten cada vez que el hombre hace un movimiento? ¡Por favor, señoras!, con tanta charla y tantos aspavientos, uno no puede concentrarse en lo que está haciendo.

Algunas mujeres se excitan o disimulan el nerviosismo expresando en voz alta cada sensación que recorre su cuerpo cuando hacen el amor: «¡Aahhh!, ¡Ohhh!, ¡cuánto me gusta el contacto de tu brazo sobre mi ingle!»... Durante la sesión completa no cesan de hablar, describen todo lo que aman a su hombre, cuánto le necesitan, cuánto adoran cada cosa que hace, etc. Al terminar, vuelven a insistir en el tema, pero en lugar de explicar lo que ya han explicado, entrevistan al amado. Le preguntan qué tal le ha parecido y cómo se ha sentido. Le piden que defina su momento más hipnótico, le exigen que precise cuánto las quiere, si las adora, si las idolatra.

Algunas veces el ronroneo y los gemidos pueden elevar el entusiasmo masculino, pero en general el exceso verbal y gestual consigue apabullar al hombre. Le obliga a responder con idénticas expresiones, a escuchar lo que la mujer está diciendo, tiene la impresión de estar recibiendo órdenes, y como consecuencia pierde concentración.

A muchos hombres les gusta recibir estímulos visuales como fuente de excitación importante

Los hombres se excitan con lo que ven. Con más o menos disimulo, mirarán todas las minifaldas, bikinis, escotes, labios, muslos y traseros que pueda abarcar su campo visual. De hecho, los ojos masculinos se disparan hacia las zonas erógenas femeninas *antes* de que su cerebro pueda registrar la información que su pupila le proporciona. Al parecer, las mujeres hacemos lo mismo, aunque con menos frecuencia y de una forma más sutil.

Así que ya lo sabes: si quieres gustarle a tu hombre, usa ropa interior provocativa, no destierres los escotes, las minifaldas o pantalones ajustados, cuida tu aspecto, y recuerda dejar una luz encendida cuando hagas el amor. Sí, has leído bien: las autoridades hablan de una luz y no dan más explicaciones, pero creo que se refieren a la de una vela o algo por el estilo.

La mayoría de los hombres son más remilgados de lo que aparentan

> Apuesto que todo el mundo piensa lo mismo que yo: que la menstruación echa un tufo terrible... aunque pocos hombres se atreven

a decírselo a una mujer porque no quieren que se sienta herida. Creo que hay ciertas cosas en los hombres y en las mujeres que no son agradables, y por tanto es mejor que cada uno resuelva en privado ese tipo de problema sin empeñarse en que la pareja tenga que compartirlo.

Al parecer, muchos hombres no se llevan bien con ciertas esencias sexuales femeninas, ni con la menstruación, el embarazo, el parto o la lactancia, y por tanto suelen evitar el contacto durante estos periodos de tiempo.

A veces, a los hombres no les apetece hacer el amor

Como nos gusta presumir tanto, las mujeres creen que siempre estamos disponibles para el sexo, a todas horas, en cualquier circunstancia. Pues se equivocan. Muchas veces, por diferentes razones, nos da pereza, estamos cansados o preferimos ver el fútbol.

Según los expertos, no es cierto que el hombre esté todo el día pensando en sexo, ni está dispuesto a hacer el amor a todas horas y siempre que se presenta la ocasión. A partir de los treinta años, el hombre necesita mayor estimulación para rendir bien, recurre a ciertas fantasías sexuales para conseguir una excitación parecida a la que obtenía en sus años mozos, y tiene que hacer más esfuerzo para alargar el tiempo de éxtasis.

Y, además, habitualmente los hombres odian...

- Que ella haga el amor con maquillaje, joyas o un peinado complicado e intocable.
- Que no sepa besar:

¿Te ha besado alguna vez en la boca alguien que no tiene ni idea? Es algo patético. Normalmente, la gente que no sabe besar abre la boca todo lo que puede y luego mueve la lengua de una forma espantosa. Más que un beso, parece un intercambio de bacilos.

- A las mujeres ñoñas, caprichosas o quejicas en la cama.
- La conversación frívola, cotilla y superficial sobre asuntos sexuales.
- El descuido y abandono en la ropa interior.
- Que la relación sexual sea *un favor*.

Noto perfectamente cuándo mi mujer hace el amor conmigo como si me debiera un favor. Por supuesto, nunca lo dice claramente, pero sé que está pensando: «Venga, hombre, terminemos cuanto antes y así me dejarás tranquila durante un par de semanas.»

- Oír hablar de las maravillas que hacía o decía el ex amante de su mujer.
- Que la mujer les estropee un piropo:

—Me encanta la suavidad y la tersura de tus piernas.
—¿Qué dices, hombre?, ¡si estoy llena de celulitis!

CUARTA PARTE
Relaciones tóxicas

IX. Misión rescate

> Ya sé que parece, violento e insensible... pero en el fondo es un chico muy bueno. Lo que ocurre es que no le comprenden en su casa.

• ¿Te has enamorado de alguien que necesita tu ayuda para salir adelante?

• ¿Te sientes responsable de la *curación* de la persona a la que amas?

• ¿Tienes miedo de *la catástrofe* que podría ocurrir si abandonas a tu pareja?

• ¿Justificas su situación con argumentos como *«lo único que necesita es cariño»*?

• ¿Crees que por entregarle apego y paciencia van a cambiar sus defectos?

• Cuando comentas las rarezas de tu pareja con alguien ¿lo haces para que te animen a seguir adelante porque tienes la esperanza de albergar sospechas infundadas?

La unión de dos personas sólo tiene sentido si es creativa y contribuye al crecimiento de cada uno. En la pareja humana, las disputas más agrias se producen cuando una de las partes, o ambas, siente que sus lagunas de personalidad quedan al descubierto, cuando la unión se embebe de problemas que no se resolvieron a tiempo, cuando el crecimiento o desarrollo de uno de los amantes depende de la colaboración incondicional del otro. En general, la ceguera que se padece en los comienzos del amor, o se corrige, o concluye con frecuencia en un desastre que hubiera podido evitarse.

Por supuesto, resulta muy duro romper con la persona amada en el comienzo de la relación, al detectar un síntoma de alarma y sin que haya transcurrido tiempo suficiente para comprobar si se hace bien o mal. No obstante, es peor todavía abandonar la unión tras un periodo dilatado de rodaje, por un motivo que pronosticaron los familiares y amigos, es decir, *todos* menos el afectado. La herida que produce la primera ruptura se cura con facilidad; en cambio, la separación tras varios años de convivencia atroz deja una huella profunda, dolorosa, que dura muchos años y es difícil de olvidar.

¿CÓMO AYUDAS A TU PAREJA EN LOS MOMENTOS CRÍTICOS?

Cuando una persona describe lo que busca en el ser amado, casi siempre menciona, entre otros requisitos, el siguiente: «Que esté a mi lado en los momentos difíciles.» Puesto que la vida nunca es sencilla y siempre aporta reveses importantes, resulta muy consolador saber que tenemos alguien cerca, dispuesto a tendernos una mano generosa que alivia el dolor, que proporciona un soplo de fuerza cuando el ánimo desfallece. Al mismo tiempo, y como recompensa, nosotros también estamos dispuestos a ayudar al amado cuando lo necesita. La pareja que consigue mantener y ajustar este equilibrio, donde cada uno conoce la disponibilidad del otro en los momentos difíciles, suele disfrutar de una unión feliz y duradera.

Por el contrario, el pronóstico resulta nefasto cuando uno de los amantes se une a una persona que no vive ni deja vivir, tolera que el otro se halle en permanente estado de crisis, soporta con estoicidad sus extravagancias y suple constantemente su falta de madurez.

La forma en que la pareja se ayuda mutuamente en los momentos críticos marca la diferencia entre la relación sana y la *operación de rescate*. Por ejemplo, si de pronto necesitas auxilio por razones económicas, laborales o de salud, ¿cómo se porta tu pareja contigo? Si es tu compañero quien padece un serio problema, ¿de qué manera le ayudas?: le consuelas, animas y apoyas; o, por el contrario, te lanzas a resolver el entuerto en su nombre. Cuando sufre una pérdida económica, ¿analizas si es consecuencia de un desafortunado pero ocasional negocio, o si por el contrario se trata de algo habitual dada su predisposición a apostar, fantasear sobre sus habilidades financieras, o gastar el dinero sin control?

Cuando tu pareja solicita tu ayuda, es fundamental que averigües cómo y por qué se ha metido en un lío, si es la primera vez que ocurre algo similar, cómo pretende resolverlo y el esfuerzo que está poniendo en ello. El amor se convierte en una operación de salvamento cuando uno de los amantes decide *proteger* a su pareja de su imprudencia e inmadurez. Los tipos de conducta descritos a continuación explican el comportamiento característico de una persona cuya misión principal es la de salvar a su descarrilado amante.

SÍNTOMAS DE LA CONVIVENCIA-RESCATE

— Tienes intención de aliviar la insania, agresividad, temeridad, o extravío de tu amado con paciencia, tolerancia o aliento.
— En tu relación prevalece un sentimiento de culpa: no abandonas a tu pareja porque no soportas la idea de herirla o dejarla en lo que tú consideras un total desamparo.
— *Siempre* adoptas el papel de *padre* o *madre* para ofrecer el apoyo que, según tú, la otra persona no obtuvo de sus progenitores: le resuelves problemas, das consejo y diriges su vida y ofreces una ayuda incondicional.
— *Siempre* toleras, niegas o justificas las excentricidades de tu amado como jamás lo harías con un amigo, familiar o compañero de trabajo.
— No tienes en cuenta lo que pueda herirte la conducta de tu pareja; le perdonas cada vez que repite sus errores y confías en sus promesas de cambio.
— Evitas cualquier gesto que pueda contrariarle.
— Te has enamorado de alguien con adicciones en el terreno físico, emocional o financiero que pretendes *solucionar* con cariño y aguante.
— *Siempre* le crees cuando te dice que nadie en el mundo le entiende como tú. Por este motivo, escuchas durante horas una retahíla machacona de los mismos problemas, de los que se siente víctima y que, por cierto, jamás intenta resolver.
— Aparcas tu vida personal, lo que te gusta y deseas, para dedicarte por entero a las demandas y caprichos de tu pareja.
— *Siempre* proteges a tu pareja de las consecuencias nefastas de su conducta; por ejemplo, si por falta de madurez no asume sus responsabilidades, mientes a su jefe con excusas que justifiquen por qué no ha ido a la oficina, pagas sus facturas, le acompañas a las citas que, de otra forma, olvidaría...
— Te sientes importante por el solo hecho de saber que tu ayuda es esencial; sin ella tu amante se hundiría en un caos total. Te necesita.
— Tu autoestima se alimenta al comprobar los *sacrificios* que eres capaz de realizar.
— Te llena de satisfacción saber que tu pareja *está en deuda contigo*.

¿POR QUÉ UNA OPERACIÓN DE RESCATE *JAMÁS* FUNCIONA?

Como se ha leído a lo largo de las páginas de este libro, los problemas nunca se solucionan cuando dejamos que otro los resuelva por nosotros. El ser humano madura cuando aprende de sus propios errores, sabe esquivar el infortunio, tiene voluntad de mejorar en todos los terrenos de su vida, y se enfrenta al contratiempo con inteligencia y decisión.

Por supuesto, cualquier propósito de mejoría exige empeño, ocasiona múltiples desvelos y acaso también dolor; muchas veces erramos en el intento de superación, pero las equivocaciones nos enseñan a sortear nuevos obstáculos. Solucionar un problema de forma voluntaria, antes de que la persona se vea obligada a afrontarlo por las circunstancias, significa esforzarse *hoy* y sufrir *ahora* para obtener una gratificación futura.

Todo el mundo está de acuerdo en afirmar que los padres sobreprotectores no hacen un favor a sus hijos. Por el contrario les convierten en seres dependientes, inválidos de capacidad, incompetentes a la hora de solucionar cualquier tropiezo. La protección excesiva o el rescate permanente proporcionan al afectado la sensación de que los problemas se esfuman y desaparecen solos.

De la misma forma, cuando te embarcas en una relación con intención de rescatar a tu pareja, *no la estás ayudando;* por el contrario, tu misión de rescate sólo consigue:

- *Hacer que se sienta controlado.* Pretendes convertirla en una persona distinta de como es, deseas que te necesite, apuntalas su vida y, de paso, le dejas bien claro que siempre estará en deuda contigo.
- *Estimular su comportamiento destructivo.* Tu conducta atenta y benefactora embota su deseo de mejorar, logra que se

sienta cómoda con su situación, y le induce a consolarse echando la culpa de cada problema a otra persona o a determinadas circunstancias sociales que no sabe y no desea dominar.

> Es muy fácil señalarme con el dedo y decir: «Eres drogadicto.» Pues, entérate, consumo drogas, porque mi familia me dejó de lado, y ahora mi novia amenaza con abandonarme. ¿Cómo quieres que deje las drogas? Si ella estuviera conmigo, tendría un motivo para no andar flipado todo el día. Mi novia y mis padres tienen la culpa de que yo tome drogas. ¡No me ayudan!

- *Incapacitar más todavía cualquier intento de cambio*. La persona problemática, a la que se pretende *salvar*, exhibe un vocabulario donde predominan los términos *no puedo; no es mi culpa; nadie me comprende; yo soy así y no pienso cambiar ahora, prefiero morirme*. En general, carece de voluntad y capacidad de decisión, su conducta está totalmente dirigida por fuerzas exteriores y, sobre todo, no suele reconocer que tiene problemas, o deja que su pareja los solucione. Por tanto, *aunque prometa que va a cambiar, no lo hará*, encontrará múltiples excusas y justificaciones que le amparen, transmitirá a su *salvador* una responsabilidad que no le corresponde, le escupirá en la cara que es egoísta, que no le ayuda, y, por supuesto, no modificará su conducta ni un ápice hasta que *toque fondo*, es decir, se encuentre solo, abandonado por todos y no tenga más remedio que salir adelante sin ayuda.

LA PERSONALIDAD DEL PROTECTOR

Los especialistas clasifican la personalidad redentora en cuatro categorías, en función de la *recompensa* que el salvador espera recibir, consciente o inconscientemente, a cambio de su paciencia, amparo y protección:

1. *Individuos que contemplan el amor como un abnegado sacrificio*. Se enamoran de quienes necesitan cuidados y protección, tienen el sublime propósito de aliviar la debilidad, la fragilidad o la herida de su amado, cosa que hacen con gesto generoso y comprensión benévola. A cambio de su noble entrega, reciben la satisfacción de saberse útiles, persiguen el crecimiento espiritual y además les gusta sentir que su presencia es necesaria. Esta personalidad suele coincidir con las personas que se enamoran de un inválido o un enfermo a quien cuidan con devoción.

2. *Individuos que tienen tendencia a controlar a los demás*. Por este motivo suelen enamorarse de alguien *inferior*, dependiente, adicto, inseguro y que precisa de su ayuda para salir adelante. En este caso la misión de salvación se ampara en la deuda que el amante problemático contrae con la persona que le auxilia y le apoya. El rescatador siente placer específico al saber que su pareja *le debe la vida* y que, por tanto, le adeuda respeto y adoración.

Generalmente, pretende cobrar su recompensa de una manera indirecta, por ejemplo, le presta dinero o dirige su vida para garantizarse el apego de su problemático amante. Cada acto de rescate lleva impreso un mensaje que transmite superioridad: «Soy mejor que tú, ¡aquí tienes dinero!, ¿ves cómo me necesitas?»

El conflicto surge cuando el amante no entiende las cosas de la misma forma que su salvador, no muestra signos de gratitud, considera que su pareja continúa a su lado porque «*¡Algo bueno debo tener!, ¿no? Nadie la obliga a ayudarme, lo hace porque me quiere, y si me quiere es por algo.*» Por supuesto, este sujeto no se deja controlar fácilmente, emplea todo tipo de artimañas para salirse con la suya, y consigue esquivar los ultimátums que recibe de su amante mediante la postura sumisa y falsas promesas de cambio: «*Sólo necesito que me prestes dinero una vez más, mi amor, te juro que será la última vez, te quiero más que a nada en el mundo. Ya verás cómo todo va a ser maravilloso entre nosotros.*»

3. *Individuos que huyen de su propia vida.* Utilizan los problemas ajenos para no pensar ni resolver los suyos propios. Este tipo de rescatador suele dedicarse a las misiones de salvamento tras un desafortunado acontecimiento: la muerte, la enfermedad, el abandono o el disturbio emocional de un progenitor o hermano, que le produce intenso dolor y sacude su manera de entender la vida. Por ello, y casi siempre de forma inconsciente, decide rescatar a los demás como no pudo hacer con su padre o madre. A partir de este momento, su objetivo primordial es orientar el extravío del prójimo; rechaza cualquier tipo de alimento que nutra sus necesidades y deseos personales, adquiere una postura dadivosa, le cuesta trabajo pedir lo que quiere, no sabe cómo hacerlo, y además *suele evitar mirar dentro de sí porque teme encontrar una herida abierta que todavía sangra demasiado.*

Para aliviar la pena interna, decide no pensar en ella y se embarca en proyectos de riesgo, que absorban su mente y sus días, con los que no tenga tiempo para recordar lo que desea enterrar. Adopta un comportamiento autosuficiente, aparenta fuerza y seguridad, suele tener respuestas para todo, y espera obtener de su pareja la recompensa de una *curación* que, por desgracia, casi nunca llega.

4. *Individuos con adicciones.* Este grupo abarca a la personalidad codependiente, es decir, al individuo adicto a personas con adicciones: drogas, alcohol, violencia, ludopatía, trastornos

alimentarios, o sexuales. La diferencia fundamental entre esta personalidad y las anteriores es que el codependiente alimenta deliberadamente el extravío de su pareja, por ejemplo, se recorre los tugurios que haga falta para conseguirle a su amado el mejor «polvo de ángel»[1] que exista.

La persona codependiente comienza a serlo en su hogar, al abrigo de sus padres. Posiblemente ayudaba a papá a buscar las botellas que mamá escondía; acaso presenciaba las descomunales comilonas que engullía mami, y luego montaba guardia para que ningún intruso apareciera justo cuando su querida madre estaba vomitando. De esta manera, aprende a confundir la palabra *amor* con el término *complicidad en los secretos*, y, como consecuencia, siente una atracción incontrolada por la gente que juega con lo prohibido.

Los terapeutas han observado que cuando la persona adicta decide someterse a una cura de desintoxicación, su amante codependiente no sabe bien a qué atenerse, se siente desplazado, sin un objetivo claro en su vida de pareja. Ahora que su amorcito no tiene *secretos*, ya no necesita a alguien que le ayude a ocultarlos. Acostumbrada a tratar con gente irresponsable, inmadura y adicta, la persona codependiente no reconoce a su amante cuando se presenta ante ella sobrio, limpio y curado, pero lo que más le aterra es saber que su colaboración ya no es necesaria, ahora que su amado ha decidido trabajar sin ayuda y paralizar cualquier gesto que delate irresponsabilidad. Por este motivo y, por lo general, de manera inconsciente, la persona codependiente suele incitar una recaída, o también puede que jamás permita una tentativa de curación.

[1] Droga de síntesis que se mezcla con tabaco, marihuana o hachís. También existe una versión en forma líquida que se unta en los canutos o cigarrillos. Sus efectos proporcionan una sesión de alucinaciones auditivas y visuales.

«SEGURO QUE AL TENER UN HIJO SE VERÁ OBLIGADO A MADURAR»

He aquí el recurso más inadecuado, injusto y miserable de todos: tener un bebé para que se encargue de sanear los vicios de su papá/mamá.

Trae un hijo al mundo y bríndale una situación emocional estable, un hogar seguro, un amor infinito e incondicional. Asegúrate de que *ambos* progenitores tenéis interés, madurez y preparación para dar a vuestro hijo toda la atención que merece y, de este modo, ofrécele protección, ternura, educación, apoyo, ejemplo, alimento, y cuidados sin límite.

Sin embargo, no traigas un niño al mundo para que resuelva tus necesidades o redima defectos; ni le cargues con la responsabilidad de un milagro capaz de curar adicciones, disturbios, enfermedades y desgarros. La procreación no tiene relación alguna con tus conflictos personales, sí, en cambio, con las necesidades del niño.

Los profesionales se cansan de repetir que la conducta de los padres marca profundamente el carácter y la personalidad de sus hijos. Nuestros progenitores nos esculpen, trazan el camino que habremos de pisar y a ellos se debe en gran parte lo que somos, hacemos y sentimos. Por este motivo, la mujer que se plantea concebir un hijo para lograr que su pareja madure, sólo conseguirá victimizar a su hijo. Mientras el padre decide aprender a ser mayor, cosa que posiblemente no ocurra nunca, el niño no tomará el biberón a tiempo, ni obtendrá la protección que realmente necesita, no se le tolerará que llore de noche, ni se le cuidará debidamente cuando se ponga enfermo. Recibirá un ejemplo deplorable y, quizá de paso, alguna que otra paliza injusta, ya que mientras su padre aprende a madurar, se pone nervioso y calma su enfado con quien tiene más a mano, es decir, con su bebé.

LA VERDAD SOBRE LA MISIÓN RESCATE

Cuando te unes a una persona con la intención de salvarla, no importa el esfuerzo que hagas, ni los sacrificios que cometas o lo imprescindible que pretendas ser. La cruda realidad es que *no llevas las riendas de la relación*. Por mucho que te sorprenda, estás bajo el dominio de tu amante adicto, vago, irresponsable, enfermo o víctima de eternas injusticias. Él te ha escogido precisamente porque no le exiges que haga algo para equilibrar la balanza de vuestra unión, toleras su conducta extravagante y antepones sus necesidades a las tuyas.

Por ello es de vital importancia que reflexiones sobre el motivo que te impulsa a acercarte al violento, adicto, enfermo o desvalido; a aguantar un comportamiento vejatorio, a creer que tienes capacidad para soportarlo y redimirlo. Hasta que no tengas claras las razones de *tu* conducta, lo más probable es que sólo te interesen las relaciones tóxicas, te inclines por amantes incapaces de dar afecto, repitas el patrón de conducta al enamorarte de gente con idénticos defectos, y que, en definitiva, no consigas mantener una relación sentimental duradera y plenamente feliz.

Recuerda siempre que tu amante-víctima no tiene necesariamente más o peores problemas que las otras personas.

Mira a tu alrededor y comprobarás cómo la gente sabe enfrentarse a contratiempos que desgarran el cuerpo y la mente sin emitir una sola queja de dolor. Así que deja de sentirte una buena persona sólo porque sostienes con devoción los defectos de tu amante; no pretendas ser imprescindible ni mejor que los demás, y recuerda que la única vía de *curación* es dejar que tu amorcito resuelva sus problemas por su cuenta, e incitarle a que reciba una ayuda profesional que, de paso, te vendría bien a ti.

DIEZ REGLAS PARA TRIUNFAR EN EL AMOR Y CONSOLIDAR UNA PAREJA

1. **Sí:** *Conocerse uno mismo*: Analizar la propia personalidad, explorar sus rincones incompletos, examinar si nuestro comportamiento es coherente y satisfactorio, observar los aspectos que podrían mejorarse y tener voluntad de mejorarlos de forma individual y sin depender de la pareja para conseguirlo. Conocer el programa emocional que nos mueve y nos ha dirigido hacia la persona amada, reconocer hasta qué punto estamos dispuestos a comprometernos con ella.

No: *Cerrar los ojos para no ver nuestros propios defectos o los de nuestra pareja.* Cargar a la persona amada con la responsabilidad de «curar» nuestros vicios, sentir rencor cuando no lo consigue o, por el contrario, tener la convicción de que podemos «sanar» las anomalías de la otra persona o que éstas cambiarán con el tiempo. Vomitar encima de la pareja las decepciones individuales que no hemos sabido resolver y que nada tienen que ver con ella. Depender emocionalmente de la otra persona o, por el contrario, fomentar su dependencia hacia nosotros.

2. **Sí:** *Disponer de un proyecto de vida* e incluir a la persona amada dentro de él; contrastar las aspiraciones y deseos de

cada uno. Comprobar que ambos sabemos vivir separados, aunque hemos decidido vivir juntos.

No: *Concentrarse en lo instantáneo*, buscar satisfacciones inmediatas, temporales, que no tienen vigencia más que en el presente urgente, sin un plan de futuro que lo soporte, ni metas en las que tenga cabida la persona amada.

3. **Sí:** *Saber que el amor es un proceso que evoluciona*; puede corregirse, aumentarse y perfeccionarse. Por lo tanto, hay que tener voluntad de mejoría, hacer lo necesario para que no cesen las manifestaciones de cariño entre ambos miembros de la pareja, ser consecuentes con el compromiso contraído y estar dispuestos a superar los obstáculos que toda convivencia aporta.

No: *Dejarse llevar por el caudal de la rutina*, otorgar más dedicación y esmero al trabajo que a la vida sentimental, o desmoronarse ante la aparición de un inconveniente con el que no se contaba.

4. **Sí:** *Expresar sentimientos y deseos.* Exponer con frecuencia la atracción, admiración, pasión y el respeto que se siente por la otra persona, explicarle lo que representa para nosotros. Dejar claro que no se concibe el futuro sin su compañía; manifestar que se pretende luchar por una unión de calidad; ser honesto a la hora de exteriorizar lo que se desea, se valora y se pretende obtener; proponer soluciones que satisfagan a ambas partes. La expresión de los sentimientos, positivos o negativos, constituye uno de los nutrientes fundamentales de la intimidad en la pareja.

No: *Suponer que la pareja es capaz de adivinar o «ya sabe» lo que pensamos o sentimos.* Hablar con terceras personas de asuntos que sólo conciernen a nuestra pareja sin que él/ella lo sepa.

5. **Sí:** *Respetar la libertad de la persona amada,* permitir que sus valores y aptitudes salgan a la luz y se desarrollen. Otorgarle confianza y seguridad. Dejar que disfrute de sus propias habilidades, se relacione con sus amistades, fomente sus aficiones e intereses particulares.

No: *Prohibir cualquier actividad que contribuya al desarrollo individual de nuestra pareja,* exigir que corte los vínculos con sus amigos, enfadarse cuando sale de casa sin una razón de peso, sabotear las ocupaciones que no se relacionen directamente con la vida de familia, impedir que se divierta cuando no estamos presentes, imponer la estancia permanente en el hogar.

6. **Sí:** *Permanecer atento al otro*, desear su bien y su felicidad, vigilar cómo se encuentra y qué siente, tener atenciones, gestos románticos, incluir sorpresas que rompan la rutina, ser agradecido.

No: *Acostumbrarnos a su presencia*, considerar a la otra persona como un derecho adquirido que jamás podrá abandonarnos.

7. **Sí:** *Compartir,* estar dispuesto a la donación recíproca, a la solidaridad con la persona amada. Estar abierto al aprendizaje en común, al intercambio de afectos, a todo lo que enriquece a ambos como pareja y como personas individuales; disfrutar de las actividades de la otra persona y lograr que ella disfrute con las nuestras. Valorar su éxito, ayudar en los momentos difíciles, apoyar al otro en las cosas que para él/ella son importantes.

No: *Evadirse con ocupaciones particulares en las que no tiene cabida la persona amada. Jugar a ser mártir.* Mantener distancias o secretos, no ser capaz de equilibrar la necesidad de independencia con la vida de pareja, ser infiel y dar oportunidad a una tercera persona de conocer algo relacionado con nuestra vida íntima que nuestra pareja ignora.

8. **Sí:** *Fomentar la compatibilidad sexual* en una proporción satisfactoria para ambos. Asumir que el problema sexual de uno es un problema a resolver por los dos. Tomar conciencia de la diferente respuesta sexual de la pareja. Tener deseos de mejorar.

No: *Vivir la sexualidad con egoísmo*, imponer un ritmo determinado a la pareja sin tener en cuenta sus inclinaciones personales. Descuidar los aspectos que nos hacen atractivos para el otro. Mostrarse pasivo y dejar que la rutina estropee la armonía sexual entre ambos.

9. **Sí:** *Evitar las discusiones innecesarias,* tener en cuenta que el tono que se emplea puede distorsionar lo que se quiere comunicar. Pedir las cosas de forma clara y directa, con serenidad, tratando a la pareja con el mismo respeto que se desea para uno mismo, sin perder el sentido de la medida. Escuchar a la pareja. Ser capaz de pedir perdón, aceptar con un abrazo las disculpas de la otra persona. Intentar resolver el conflicto enseguida, sin dejar que el tiempo lo termine arreglando, cosa que casi nunca ocurre. Proponer soluciones que satisfagan a ambos. Olvidar el problema una vez que se haya resuelto.

No: *Degradar poco a poco el respeto que la otra persona merece.* Utilizar una lista de agravios e insultos para demostrar que tenemos razón. Emplear el ataque verbal, los gritos y el comentario que pretende ridiculizar a la otra persona. Desenterrar viejas disputas cada vez que surge la ocasión. Retrasar la búsqueda de soluciones. Utilizar las discusiones para poner a prueba el amor de la otra persona y exigir que *ceda* como única vía para demostrar su afecto. No reconocer los propios errores.

10. **Sí:** *Tener capacidad de reacción.* Observar meticulosamente todos los síntomas que apuntan la posible compatibilidad o incompatibilidad entre ambos. Entre ellos se encuentran:

— Ideas sobre la vida familiar.
— Hábitos laborales de cada uno.
— Nivel de madurez individual. Nivel de equilibrio emocional.
— Papel de los progenitores y otras personas importantes en la vida de cada uno.
— Objetivos y proyectos de vida individuales y como pareja.
— Estabilidad económica o habilidad para mantener y cuidar el patrimonio.
— Prácticas religiosas. Valores morales.
— Capacidad para disfrutar del tiempo libre, *hobbies* y modo de divertirse.
— Nivel de sociabilidad, si tiene o no amigos, con quién se relaciona, etc.
— Calidad del tiempo compartido.
— Capacidad para el compromiso y la fidelidad a la pareja.
— Cantidad de tiempo del que se dispone para compartir.

Es más fácil reaccionar y encontrar soluciones que satisfagan a ambas partes cuando se analizan los detalles que pueden enriquecer o envenenar la convivencia.

No: *Permanecer indiferente* ante la falta de compatibilidad o los problemas. Esperar que el tiempo los resuelva. Buscar la salida a través de una aventura amorosa fuera de la pareja.

EPÍLOGO

Las páginas de este libro han intentado animarte a buscar el amor de alguien con quien puedas disfrutar de una convivencia total y armónica. En ellas se presta especial atención a las fuerzas que permiten el milagro de una unión sólida, fructífera, vigorosa, en la que coinciden los destinos e ilusiones de ambos amantes.

Evidentemente, no se puede descartar que hay un factor de suerte en la elección de pareja, y que, muchas veces, el acercamiento entre dos personas parece guiarse por una fuerza indómita que acaso conduzca a una selección desafortunada. Sin embargo, aunque cada pareja es única, y su final imprevisible, el triunfo de la unión suele tener una característica común: el deseo de que salga bien.

Espero sinceramente, querido lector, que este libro te haya ayudado a acertar en el logro de ese amor que estás buscando y mereces. Deseo que encuentres el abrazo, la pasión y el sosiego de una grata compañía, una persona a quien poder regalar un trozo de tu vida y que te ofrezca un pedazo de la suya; un amante con el que puedas contar, que te haga salir de ti mismo, que te convierta en alguien mejor de lo que nunca fuiste, que se enorgullezca de cómo eres, a cuyo lado desees caminar y que te de las gracias porque un día decidiste ponerte en su camino.